［シリーズ］企業トップが学ぶリベラルアーツ

世界は四大文明でできている

橋爪大三郎 Hashizume Daisaburo

JN230605

NHK出版新書
530

The Four Civilizations And The Global Community

by

Daisaburo HASHIZUME

NHK Publishing, Inc., Tokyo Japan 2017:10

はじめに

「不識塾」塾長　中谷　巌

「不識塾」は二〇一〇年に設立されました。前身の組織の理念を受け継いでおりますので、そこから数えると、もう一六年目を迎えたことになります。

不識塾では毎年、大手企業の執行役員もしくは部長クラスの方たちを塾生としてお迎えし、グローバルな場で通用する見識とリーダーシップを持つ経営者を育成することを目的としています。

といっても、経営戦略など具体的なビジネススキルを講じるものではありません。私たちが何より重要だと考えているのは、歴史や哲学、宗教などの「リベラルアーツ」です。

リベラルアーツ（liberal arts）とは、かつてヨーロッパの大学で学問の基礎とみなされた七科目のことを指しますが、現在は広く「人を自由にする学問」と捉えられています。

ビジネスパーソンが習得するべきリベラルアーツを、私たちは次の二本の柱に即して考えています。

・日本という国の文化、歴史をしっかりと理解すること。自国のことを深く知ること

・海外の人たちの価値観や行動原理を、歴史や哲学、宗教の理解をとおしてきちんと把握すること

リベラルアーツは森羅万象を包み込むもので、もちろんこの二つに限定されるものではありませんが、おおむねこの二つの柱に即して講義のプログラムを組んでいます。

では、なぜリベラルアーツなのでしょうか。

グローバル化といっても、単に英語ができればいいというわけではもちろんありません。身近な例を挙げます。一時間のビジネスミーティングで、外国人とさまざまな交渉をするとき、その半分くらいは雑談です。実はこの雑談こそ重要なのですね。相手は雑談を通じて、貴方の「品定め」をしているからです。これで自らを信頼に足る人間としてアピールできるかどうかが、その後のビジネスに大きく影響するわけです。

ところが、多くの日本人は雑談が苦手です。自らのアイデンティティについての意識が希薄なので、自分をうまく相対化して語ることができない。相手の国の歴史も宗教も理解していないので、相手の琴線にふれる話ができない。私の知り合いの外国人はかつて、日

本人のビジネスパーソンはまじめで能力も高いけれど、あまりにも話題が貧困で、世界に通用する常識というものを持っていないと嘆いていました。反面、欧米のエリート層は若い時からリベラルアーツ教育ですごく鍛えられています。

こんな例からも、歴史や宗教にもっと関心を持たないと、グローバルな場に出ていってもまったく話にならないことがわかるでしょう。企業トップのみならずあらゆるビジネスパーソンに、リベラルアーツを身につけていただきたいのです。

日本では、戦後の実学志向のなかでリベラルアーツ教育は軽視されてきましたが、幸いこの四、五年で風潮が変わってきたようです。大手企業でも人事研修のときは、リベラルアーツを組み込まないとまずいという感覚がようやくにして芽生えてきました。

＊

不識塾では毎年五月に、およそ三〇名の新しい塾生の方たちをお迎えします。開講第一回目の講義はここ数年間、橋爪大三郎先生に「世界の宗教」をテーマにお願いしてきました。

宗教成立以前、人類はそれぞれのコミュニティごとに孤立して生活していた。しかし、普遍性のある宗教が誕生したことで、バラバラだった各共同体が一つの神様のもとにまとまり、共通の価値観ができあがった。その結果、横のつながりが飛躍的に拡大しました。それによって、一つの文明圏ができあがったのです。

現在の世界を動かしているのも、キリスト教文明圏をはじめとする四つの文明圏です。文明圏のベースにある宗教を理解することこそが、グローバルな世界にアクセスするいちばんの近道でしょう。そんな意図から、毎年、橋爪先生に講義をお願いしているのです。

宗教と文明圏についての講義は、塾生たちに強烈なインパクトを与えています。世界の構造がようやく理解できた、グローバル社会はこのように見ればいいのか、という声。中東駐在の経験があるが、駐在前に受講できていればどんなに良かっただろう、という声。

講義のインパクトをより多くの方にも感じていただきたく、そのエッセンスを、橋爪先生に一冊の新書として書き下ろしていただきました。不識塾の講座のいくつかをまとめたシリーズ「企業トップが学ぶリベラルアーツ」の第一弾となります。

＊

「企業トップ」というと、縁遠く感じられる方もいるかもしれません。しかしリベラルアーツというのは、単なる知識を習得するということ以上に、グローバルな世界をより良く生きる上で必須のものです。日本という国の歴史や文化をしっかりと把握せずに、そして異なる文化圏の人たちの価値観をきちんと理解せずに、偏狭な意識で生きていくならば、これからのグローバルな時代には不幸になるだけでしょう。

リベラルアーツは経営トップだけが学べばいいということでは決してなく、あらゆるビジネスパーソンにとって、いや、誰にとっても必要な人生の栄養素です。

みなさんがこの本をきっかけに、リベラルアーツの豊かな世界に分け入り、知的関心の幅を広げていただけることを願っております。

シリーズ・企業トップが学ぶリベラルアーツ
世界は四大文明でできている　目次

編集協力　橋本倫史
校閲　猪熊良子
撮影　佐藤　類
ＤＴＰ　角谷　剛

第1章

世界は四大文明でできている

本章のポイント

・文明とはなにか。
・宗教とはなにか。
・正典には、どんな機能があるか。
・なぜ、宗教の違いを比較するか。

世界の四大文明

二一世紀は、「グローバル化」の時代です。

「グローバル化」(globalization)とはなにか。

世界が、ひとつになった。でも、世界の人びとがひとつに「融合」したわけではない。違う種類の人びとのまま、「隣人」になった、ということです。

「隣人」だから、トラブルも起こります。

*

世界には、大きく言えば、四つの文明が存在します(図1―1)。

図の三角は、アフリカ。人類はそこから出て、広い場所に移った。以来、何十万年。途中を省略し、いま世界には、四つの集団ができました。ひとつが、一〇億人、二〇億人という巨大な集団です。

左から順番に、ヨーロッパ・キリスト教文明。ヨーロッパを中心に、新大陸にも拡がっています。これがいちばん人数が多い。そして、ここ五〇〇年、人類をリードしている有力なグループです。人数は、二五億人。キリスト教をベースにしています。

二番目は、イスラム文明。中東(ミドル・イースト)という場所を中心にしています。

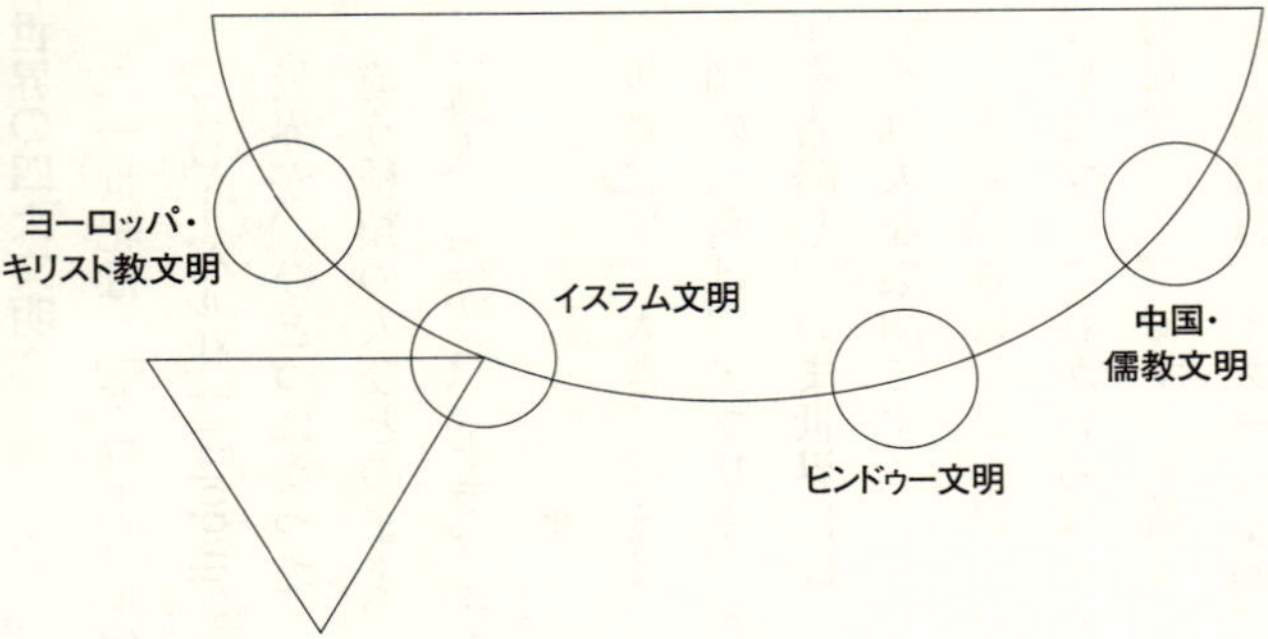

図1–1　四大文明

が、中央アジア、アフリカの北半分、インドの両脇。東南アジア（マレーシア、インドネシア）にも拡がっている。一五億人です。イスラム教をベースにする。

三番目は、インドの、ヒンドゥー文明。人数は、一〇億人。ヒンドゥー教をベースにしています。

最後、四番目は、中国の儒教《じゅきょう》文明。人数は、一三億人。儒教をベースにしています。

これら四つの集団は、いずれも、宗教がもとになって、形成されたのですね。

＊

さて、四つのグループの人数を足すと、何人になりましたか？

六三億人、ですね。

人数は、誰かが統計をとっているわけではないので、アバウトです。でも、存在の大きさを、大づかみで感じて下さい。

人類はいま、何人いるのでしたか?

七三億人、ですね。国連の統計では七三億人ですが、もう七四億人になったかも。ともかく、この巨大な人数の大部分が、四つの文明のどれかに属しているのです。残りの一〇億人は、その他おおぜい。無視してもいい少数者、です。

四つのつぎに、大きなグループは、仏教かもしれません。東南アジアを中心に、数億人のグループがある。でも、この程度の人数では、一次近似《きんじ》でものを考える場合には、考慮しなくていいのです。

日本は、一億人の集団ですから、サイズが一〇分の一。とても小さい。人類社会を考えるときには、無視してもいいぐらいの少数者である。自分たちは、人類のなかでは、絶対的な少数者であること。このことを、頭に刻んで下さい。

日本は、少数者ですから、何を考えなければならないか。

まず、四つの文明について、しっかり情報を集める。どんな人びとで、どんなふうに行動するのか、よく理解する。安全保障のためです。四つの文明が、互いにどういう関係になっているかも、しっかり観察します。たいてい仲がわるい。その理由も、じっくり観察します。

つぎに、日本の存在をどう、確保したらいいかを考える。どのグループと仲よくすればいいか。どういう活動によって、存在を評価してもらうか。ほっておいては、少数者で、存在感がないのですから、知恵を使わなければなりません。それでやっと、居場所が確保できます。

＊

四つの文明は、宗教色が強いものもあれば、宗教色がうすいものもあります。いちばん宗教色が強いのは、イスラム文明ですね。ヒンドゥー文明もそれなりに、宗教色が濃い。

いっぽう、キリスト教文明は、いちばん幅があります。宗教を大事に暮らしている人びともいれば、宗教とは無関係にみえる人びともいる。しばらく前に、ソ連という国がありました。ソ連は、マルクス主義で、無神論ですから、キリスト教に反対しています。けれども、私に言わせれば、マルクス主義は、神がいないだけで、キリスト教そっくりです。教会の代わりに、共産党。聖書の代わりに、資本論。モーセの代わりに、マルクス、レーニン。キリスト教からスピンオフした、キリスト教の世俗化したかたちなのです。

こういうのも全部、キリスト教文明にひっくるめるから、二五億人です。自分はキリスト教を信仰していると意識しなくても、彼らの頭のなかみや行動様式は、キリスト教を下敷きにしている。だから、「キリスト教文明」とよんでいいのです。

＊

以下、つぎのように講義を進めて行きます。

まず、一神教を取り上げます。

キリスト教文明とイスラム文明は、共通点が大きい。一神教だからです。よって、まとめて取り上げます。違う点は、そのつど説明します。

そのつぎに、ヒンドゥー文明。

そのつぎに、中国・儒教文明。

そのあと、日本についてとりあげ、最後に全体のまとめ、をお話ししましょう。

宗教とはなにか

宗教とはなにか。その機能について、もう少し考えてみます。

なぜ宗教が、世界の四つの文明の、基礎になっているのか。

＊

まず、「文明」(civilization) とはなにか。

文明とは、多様性を統合し、大きな人類共存のまとまりをつくり出すものです。

文明の特徴は、文字をもつこと。法律や社会制度が整っていること。帝国のような政治的まとまりや、教会のような宗教的まとまりをもっていること。暦や、生産技術や、軍事力や、経済活動や、貨幣や、交通などの社会インフラや、……をそなえていること。歴史学の本には、そう書いてあります。

逆に言うと、そういう共通点がある反面、内部に多様性を抱えています。言語がばらばら。人種や民族がばらばら。文化がばらばら。地域社会がばらばら。さまざまな多様な人びとの集まりが、文明です。文明は、そうでなければ、ばらばらになってしまう人びとの多様な社会(個別の文化)を、それより高いレヴェルに統合する試みなのです。

文化は、民族や言語など、自然にできた人びとの共通性にもとづいています。それに対して、文明は、多くの文化を束ねる共通項を、人為的に設定することです。文明のほうが文化より、レヴェルが高いのです。

ではなぜ、世界の四大文明は、どれも宗教をベースにしているのか。

それは、宗教が、個別の言語や民族や文化を超える、普遍的な内容のものだからです。「普遍的」(universal)とは、時間や空間に限定された特殊なものでなく、もっと一般的だ、という意味です。

宗教にも、ほかの文化や民族には広まらない、自然宗教や民族宗教もあります。けれども、キリスト教やイスラム教、ヒンドゥー教、儒教といった古代に現れた宗教は、そうしたこれまでの宗教の限界を、越えていくことを目指すものです。もっと広い、人類の共通性をうみだそうとします。だからそれが、文明の基盤となることができたのです。

＊

かりに、これらの宗教がなかったとしましょう。どうなるか。

人類は、文明という大きなまとまりを形成することができずに、言語や人種・民族や文化ごとに、もっと小さなまとまりをつくるしかなかったでしょう。一〇億人~二〇億人といったサイズではなく、一〇〇万人とか、一億人とかいったサイズになります。すると、となりの集団とは共通点がないので、争いになり、人類はもっと混迷を深めていたはずです。宗教は、世界の平和に貢献しているのです。

＊

これを踏まえて、宗教の機能を、つぎのようにのべることができます。

《宗教とは、人びとが、同じように考え、同じように行動するための、装置である。》

「同じように考え、同じように行動する」。ここがポイントです。これが、本書を通じての、作業仮説（working hypothesis）になります。

宗教については、別なふうに定義することもできます。たとえば『世界がわかる宗教社会学入門』（ちくま文庫）では、別な定義をしました。それに対して、右の定義は、宗教をそのはたらき（機能）から説明するものです。

＊

宗教のこの働きが、十分に強力であれば、人類全体をひとつの宗教に統合することができるはずです。ではどうして、グローバル世界は、少なくとも四つの宗教文明に分断されてしまっているのか。

それは、これら宗教が広まったのが、古代だから。古代の交通や情報伝達の手段は限られていたから、せいぜいさし渡し二〇〇〇キロほどの範囲をカヴァーするのが、精一杯だったのです。よって、地球の表面は、複数の文明に覆われることになった。結果的に、四大文明が成立した、ということなのです。

＊

それぞれの文明は、自分たちこそ普遍的で、人類全体を包み込むことができる原理だ、と自負しています。そこで、ほかの文明に対して、対抗意識をもちます。かえって、文明と文明とのいがみ合いの関係が生まれます。

グローバル化とは、交通や情報伝達の手段が発達して、地球がひとつの市場に統合されることです。でも、その基盤である宗教文明は、そのままである。それぞれの文明が「同じように考え、同じように行動する」人びとの集まりだとすると、人類社会は、「異なったように考え、異なったように行動する」人びとのグループの、集合ということになります。

サミュエル・ハンチントンが、「文明の衝突」という考えをのべました。冷戦が崩壊して、人類社会がひとつに統合されるという希望が高まったときに、話はそんなに簡単でないよ、と言ったのです。ハンチントンは、軍縮に反対して、アメリカは軍事力を維持していくべきだ、と言いたかっただけなのかもしれない。それはともかく、文明と文明のあいだの複雑な関係が、これからの人類社会にとって大事だ、という指摘は正しい、と思うのです。

正典（カノン）

さて、日本人があまり意識しない、宗教文明のポイントがあります。

それは、どの文明も、正典をそなえていることです。

正典がある。これが、世界標準なのです。

日本には、正典がない。大変だ、世界標準に外れている、と思わなければならない。

＊

正典とは、なにか。ラテン語でいえば、カノン（canon）。規準になるテキスト、という意味です。

カノンはもともと、ものさし、という意味でした。それが、規準という意味になり、音楽では「繰り返し形式」という意味になり、正典という意味になります。

なお、聖典（holy scripture）という言葉もあります。似ていて、重なる部分もありますが、キリスト教では「聖典」は聖書のこと、「正典」は教会法のこと、と使い分けていました。

では、それぞれの文明の、正典（カノン）を確認して行きましょう。

*

キリスト教の、正典はなにか。

はい、『聖書』です。

聖書は、キリスト教の場合、翻訳したものも聖書です。この結果、ドイツ語でも、英語でも、日本語でも、聖書ということになります。

聖書は、旧約聖書（Old Testament）と、新約聖書（New Testament）の、ふたつの部分からなります。旧約聖書の原文はヘブライ語。新約聖書の原文はギリシャ語です。カトリック教会はずっと、ラテン語訳の聖書を使って来ました。

旧約聖書はなにかと言えば、ユダヤ教の聖書です。ユダヤ教では、この本を旧約聖書とはいわず、タナハ（Tanakh）といいます。旧約聖書は、キリスト教の言い方なのですね。タナハは、多くの書物の集まりです。どの書物を入れるか入れないかで議論があり、一世紀に会議を開いて、いまのかたちに決まりました。キリスト教徒は、それをそのままいただいて（パクって）、自分たちの聖書にしたのです。

聖書に入らなかった書物は、外典（Apocrypha）とか偽典とかいいます。

＊

イスラム教の、正典はなにか。

はい、『クルアーン』（Qur'an）です。

クルアーンは、コーランともいいます。クルアーンのほうがアラビア語の発音に近いというので、最近はコーランでなく、クルアーンということが多くなりました。

クルアーンを翻訳したものは、正典（神の言葉）ではありません。よって、礼拝では使えません。

本屋さんに行くと、クルアーンの翻訳を売っています。礼拝に使わず、知識や教養や研究のために読むのなら、翻訳は問題ありません。ぜひ購入して、読んでみましょう。

＊

ヒンドゥー教の、正典はなんでしょう。

これは、聖書やクルアーンほど、有名でないかもしれない。

ヴェーダ聖典、という書物です。

インドには、古い書物がいろいろあり、尊重されています。そのうち最も古く、尊重されているのが、ヴェーダです。ヴェーダにもいろいろあるのですが、いちばん古いのが、リグ・ヴェーダです。ほかにも、サーマ・ヴェーダ、ヤジュル・ヴェーダ、アタルヴァ・ヴェーダなど。リグ・ヴェーダ、アタルヴァ・ヴェーダは、岩波文庫から翻訳が出ています。ヴェーダのほかにも、重要な書物がいろいろあり、数が多いのが特徴です。

＊

儒教の、正典はなにか。

五経《ごきょう》、です。

儒教の古典を、四書五経《ししょごきょう》といいます。これは、朱子学《しゅしがく》の言い方で、四書（論語、孟子、大学、中庸）をまず読むことを推奨しているのですが、伝統的には、五経のほうが大事です。五経は、易経《えききょう》・書経《しょきょう》・詩経《しきょう》・礼記《らいき》・春秋《しゅんじゅう》の五つ。いずれも、孔子が編纂《へんさん》した古い書物と信じられてきました。

ほかに、失われた楽経《がっけい》と合わせて、六経《りくけい》という言い方もあります。

儒教では、もっとも重要なランクの高い書物が、「経《きょう》」です。孔子の言行録『論語』はもともと、経ではありません。その次のランクである、「論」です。けれども後世、孔子も

「聖人」（王のこと）だったとみなされ、論語もランクがあがって「経」に数えられるようになります。経も数がふえ、十三経、などといわれます。

＊

このように、宗教ごとに正典は違っていて、その内容もさまざまです。

けれども、その機能からみると、これらの正典はすべて、共通しています。それは、どの正典も、

《人間は、このように考え、このように行動するのが、正しい。》

とのべていることです。正典は、その宗教を信じる人びとにとって、正しさの規準になるのです。

社会を生きていくうえで、人びとが問題にぶつかったとします。まずやることは、正典をひもといて、そこにどう書いてあるか、チェックすることです。なるほど、こう考え、こう行動すればいいのか。自分の考えや行動を、正典に合わせます。正典が正しさの規準だからです。

これがどれだけ、特徴的なやり方であるか、理解して下さい。

＊

正典の大事な特徴。それは、正典が、文字で書いてあることです。

正典は、本（テキスト）なのですから、文字で書いてあるのは、当たり前じゃないかと思うかもしれません。

文字の特性。それは、「いちど書いたら、変化しない」ことです。

二千年前、三千年前に、本が書かれた。文字で書かれた。それが、変化しないのです。文字ですから、言葉が書いてある。言葉には、意味があります。お前たち人間は、こう考え、こう行動しなさい、と書いてある。それを読む人びとは、じゃあ、そう考え、そう行動しよう、と思うことになります。正典を読むたびに、人びとはそう思う。正典が書かれてから、一〇〇年経っても、五〇〇年経っても、一〇〇〇年たっても、二〇〇〇年経っても、そう思う。そうやって、「同じように考え、同じように行動する」人びとの集団を、世代を越え時代を越えて、再生産することができるのです。

これが、一〇億人、二〇億人といった巨大な大集団を、維持できている秘密です。

文字で書かれた正典は、凍結保存された情報だと思います。

人びとが、それを読むたび、その情報が解凍されます。人びとは、それを吸収して、骨肉化します。そうして、その価値観を体現し、正典のとおりに考え、行動する人びとが生まれるのです。

＊

この作用は、政治権力と関係ありません。ユダヤ人は、二〇〇〇年前に彼らの政府を失いましたが、正典が残りました。その正典に従うことで、彼らのアイデンティティを維持し、二〇〇〇年経っても、ユダヤ人として生きています。ユダヤ人が典型的ですが、ほかの正典をそなえる宗教も、よく似た構造をそなえているのです。

＊

正典がこのようなものだとすると、どういう効果があるか。

同じ正典を参照する人びとが、「同じように考え、同じように行動する」ので、相手に対する予測可能性が高まります。

どう考え、どう行動するか、読めるようになるのです。

予測可能性が高まると、仲間として、協力しやすくなります。ビジネスができます。同じ法律に従うこともできます。一緒に、政府（帝国）をつくることもできます。教会や官僚組織のような、大きな機構をつくることもできます。軍隊を組織することもできます。文化・芸術を花開かせることもできます。総じて、文明の名に値する、さまざまなよいことを行なうことができるのです。

相手の予測可能性を高める。ひと口で言うなら、正典の機能はここにあります。

＊

正典は、古い書物で、人間が書いたのではないと考えられている。それを書き換えることができる人間も、いないと考えられている。ゆえに、正典は、変化しません。変化しない規準として、社会を「固定化」する作用があります。

それなのに、キリスト教はなぜ、社会を変化させ、近代化に進むことができたのか。これは、キリスト教を論じるときに、詳しく考えましょう。

グローバル世界の課題

グローバル化する世界を前に、宗教を学ぶ意味はなにか。

もう明らかでしょう。

ビジネスも、外交・安全保障も、文化芸術も、世界の異なる文明に属する人びとがパートナーです。パートナーの考え方や行動様式を、理解し、予測する。国際社会でなにかしようと思うとき、まっ先にやるべきことではないでしょうか。

＊

そこで、やるべき作業の順番です。

まず、相手の文明の、宗教の中心になっている正典を読む。正典が、むずかしくて読めなければ、正典について説明してある本を読む。ちょうどX線のCTスキャンをみるように、相手の考えや行動の前提が、手に取るように透けてみえます。

ときによると、相手自身も、自分がなぜそのように考え、行動するのか、自覚していないことがあります。正典に照らせば、それがわかってくる。相手よりも深く、正しく、相手のことを理解すれば、ビジネスでも、それ以外の領域でも、うまく行くはずです。

＊

つぎに、複数の文明の、相互関係を考えます。

ある文明に内在すると、別のもうひとつの文明はどうみえるのか。複数の文明が組み合わさった場合、そこにはどういうことが起こるのか。

これは、かなり困難な応用問題です。

物理学に「三体問題」というのがあります。万有引力の法則によって、天体の運動は説明できます。太陽と地球、地球と月のように、ふたつの天体を考える「二体問題」は、連立方程式が立てられて、それを解くことができ、軌道が計算できます。けれども、太陽と地球と月、のように三つの天体を考える「三体問題」の場合、方程式は立てられても、必ずしも解けないことが知られています。

二つが三つになると、急に困難が増す。まして、世界には、四つの異なった文明があります。その相互関係を考えるのは、それぞれの文明を単独で考察するのに比べて、格段に困難であることが予想できます。

＊

ところが、国際社会がこうした困難を抱えていることは、これまで、あまり意識されてきませんでした。それは、ヨーロッパ・キリスト教文明が、あまりに強力だったことによります。

ヨーロッパ・キリスト教文明は、経済が発展し、戦争も強く、ほかの文明を圧倒することができました（図1―2）。イスラム世界を植民地にし、インドを植民地にし、中国を半分

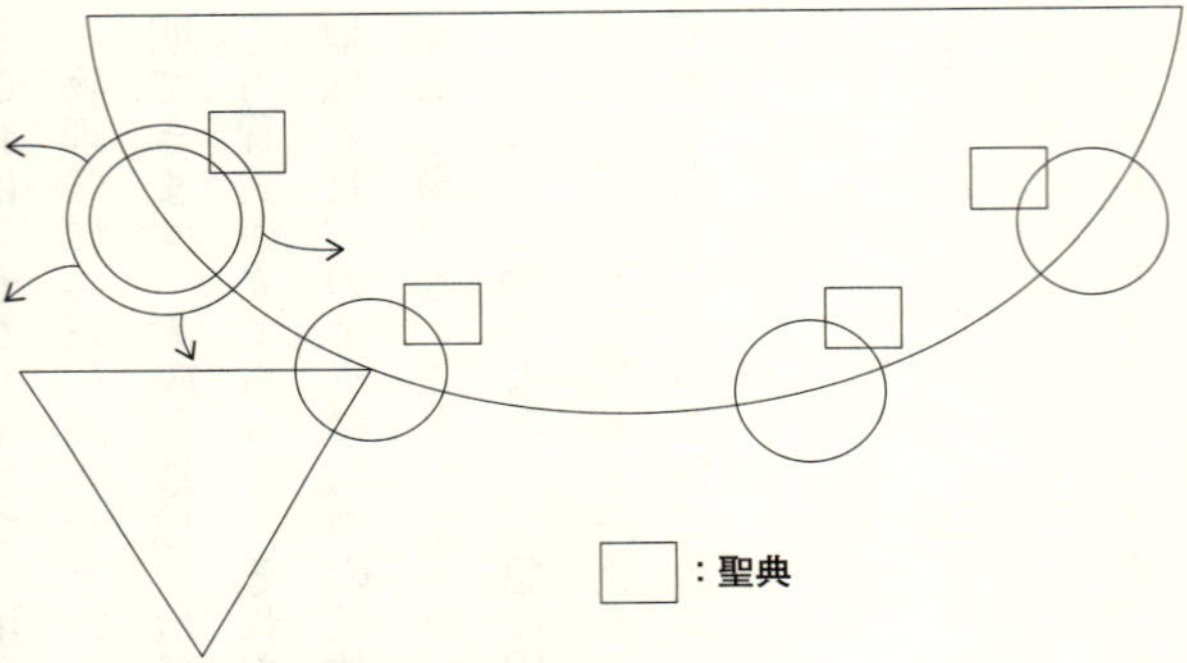

図1–2　ヨーロッパの覇権

植民地にしました。植民地とは、発言権がない、という意味です。主体性を、発揮できない、という意味です。

ヨーロッパの列強《れっきょう》は言います。世界は、近代化して、ヨーロッパ・キリスト教文明のようになるのだ。さっさと民主主義と、資本主義経済と、主権国家と、科学技術を身につけなさい。イスラム。イスラム法にいつまでもこだわって、近代化できないお前が悪い。インド。カースト制にしがみついて、近代化できないお前が悪い。中国。儒教の価値観にこだわって、近代化できないお前が悪い。日本を見てみろ。キリスト教と関係ないのに、ちゃんと近代化しているではないか。お前たちが近代化にもたついているあいだは、列強が世界を仕切ることにする。文句があるなら、近代化してから言いなさい。

このように、人類共同体は、ヨーロッパ・キリスト教文明の一極世界であるかのように描かれていたのです。一極世界なら、複数の文明の相互関係を考える必要はありません。

これが、一九世紀、二〇世紀を通じて、世界にふりまかれていたものの考え方ではないでしょうか。そして、文明開化で西欧列強に追いつこうとしていた、日本人の考え方ではなかったでしょうか。

＊

いまや、そういう時代は、過去のものになりました。

九・一一の同時多発テロは、世界にさまざまな価値観と、さまざまな歴史経験と、さまざまな情念が溢《あふ》れていることを感じさせました。そう、グローバル世界は、理解できない他者、理解を超えた他者からなる、多様な世界です。この世界に立ち向かう、新しいツールが求められています。

それは、一九世紀、二〇世紀を導いた、単純な近代主義ではありえない。

そこで役に立つのが、宗教を補助線とする視点です。

宗教は、こうした世界の多様性をつくり出している当のもの。そして、人びとの（相対的に）変わりにくい、考え方や行動様式の、解明の手がかりになるのです。

＊

第三の作業は、日本の社会・文化の特殊性について、考え直すことです。日本は、以上の四大文明の、どれにも入っていません。中国・儒教文明の影響を受け、いまヨーロッパ・キリスト教文明と歩調を合わせていますが、その本質は、どれでもないのです。日本人は、では、どのように考え、行動する人びとなのか。それを反省する作業が、ひるがえって、私たちの課題になるのです。

これまで、さまざまな日本人論が繰り返し、語られてきました。その大部分は、ピンボケで使いものになりません。なぜなら、世界の多様性をありあり見つめなければ、日本のこともわからないからです。多様なものがあれば、その違いを正しく比較すること。比較の方法を正しく用いることで、自己を深く認識できます。

＊

宗教を研究する社会学は、比較方法論をそなえています。

この比較の方法を身につけることで、グローバル社会の現状と将来を、鋭く見通して、ビジネスに、学術に、さまざまな活動の領域に、活躍の場を拡げていって下さい。

第2章 一神教の世界

ヨーロッパ・キリスト教文明と、イスラム文明

本章のポイント

・なぜ、一神教は個人主義なのか。
・アメリカにおいて、恋愛、家族とはなにか。また、左利きの人が多いのはなぜか。
・なぜ、キリスト教文明で、市場経済、民主主義、自然科学が発達したのか。また、現代、iPS細胞やLGBTは、どうとらえられているのか。
・ビジネスのどこに、キリスト教の行動パターンは表れるのか。
・イスラム教徒は、ユダヤ教徒とキリスト教徒をどう見ているか。
・英米法にない、イスラム法の特徴とはなにか。

一神教と多神教

それでは、それぞれの文明について、詳しくみて行きましょう。

最初は、ヨーロッパ・キリスト教文明。

二番目は、イスラム文明。

この二つを、まとめてとりあげます。なぜならば、この二つは骨格がそっくりだから。どちらも一神教だから、です。

もちろん、違うところもあります。そこで、まとめて議論しつつ、違ったところをその都度、説明することにします。

*

一神教。

これは、とても特別な考え方です。一神教になじみがないひと（たとえば、日本人）には、とても理解しにくい。一神教がわかれば、この本の山場は越えた、と言っていいと思います。

なじみがなく、理解しにくいものは、論理で、順番に、理解していくのがいいと思います。数学で、二次方程式を習ったとき、微分や積分を習ったとき、定義や公式で、順番に習っていきませんでしたか。一神教も同じです。下手に、「少しはわかる気がする」などと思わず、まったく知らないつもりで、いちから頭の中に整理して組み立てていくのが、正解だと思います。

＊

では、手始めに、基本的なことがらから、確認していきましょう。

一神教の、反対概念はなんですか?

はい。多神教ですね。

一神教と多神教は、どこが違いますか?

はい。神さまの人数が違います。字をみれば、わかりますね。正解。

なのですが、ここで安心してはいけない。一神教と多神教では、たしかに、神さまの人数が違います。けれども、違いはこれだけではない。神さまの人数よりも、もっとずっと大事な違いがある。その違いが、一神教と多神教の違いの本質で、人数の違いなどどうでもよい、と言ってもいいくらいなのです。

その、大事な違いとはなにか。

それは、神さまと人間との、関係が違う、です。

多神教では、たとえば神道《しんとう》では、神さまと人間は、友だちのようなもの。一緒に食事をしたり、お酒を飲んだり、お祭りを楽しんだりします。それに対して、一神教では、神さまが主人で、人間は僕《しもべ》。僕とは、家来を通り越して、奴隷のことです。

神と人間の関係が、こんなに違う。このことをまず、頭に刻みましょう。

＊

一神教は、神を大事にする。多神教は、神を大事にする。どちらも神は大事。神を拝むのだから、当然です。ここだけに注目すると、一神教と多神教の違いがわからない。

人間をどう考えるか。ここが注目点です。

神道では、人間は大事か。大事です。人間は、安全に幸せに生きていくべきであって、それはよいことである。神さまは、幸せな人間の生活を支援するため、さまざまなサーヴィスを行ないます。太陽を照らしたり、雨を降らせたり。神は人間に奉仕するのです。

神道には、いい神さま／悪い神さま、の区別がある。知っていますか、悪い神さま。疫《やく》病《びょう》神、貧乏神。たたり神に、死に神。ほかにも沢山いますが、悪い神さまがいる。いい／悪い、を決めているのは、人間です。人間の都合で、神さまにレッテルを貼っている。人間中心主義ですね。神さまが大事（○）だとしても、人間はもっと大事（◎）なのです（表2―1）。

神道では、もともと人間は、よいものなのです。それがたまたま、よくないものに感染して、一時的に穢《けが》れる。祓《はら》ったり清めたりすれば、もとのよい状態に戻る。こういう考え方でできている。

表2–1　人間に価値があるか

	一神教	神道
神	◎	○
人間	×	◎

罪とはなにか

では、一神教は、人間をよいものだと考えるか。

神はよいものですが、人間はそうではない。価値がない。価値がなければゼロですが、それを通り越して、マイナス（×）だと考える。人間が、マイナスの価値をもつこと。これを、「罪」（sin）といいます。

人間は、罪のある存在です。

＊

人間に罪がある。――これを、日本人はなかなか、理解できません。肌感覚で、納得できない。人間は、もともとよいもので、幸せに生きていく権利がある、と思っているからです。

日本にもいちおう、罪の概念はある。日本人の理解する「罪」は、行為責任です。自分の行動が、よくない結果を引き起こし、みんなが迷惑した。その責任が、罪です。罪は、人間に対するもので、神に対するものではない。そして、何も行動しなければ、罪はない。よって、赤ん坊に、罪はない。罪は、もともとあるものではない。

これに対して、一神教の罪は、神に対する罪です。神に背《そむ》くこと。これが、罪。人間に「迷惑」をかけること、ではありません。一神教は、神中心で、神の視点でものを見るのです。

キリスト教の場合は、これがさらに徹底して、人間が神に背くようにできていることそれ自体を、罪だと考える。まだ神に背いていなくても、背くに決まっている、なのです。

これを、「原罪」(original sin) といいます。

人間は、もともと罪がある。人間は、自分で自分の罪を取り除くことができない。それができるのは、神だけ、なのです。

救い／赦し

さて、罪があれば、罰があります。神が、人間を、罰する。罰ですから、人間の困ること、苦しいことが起こります。そうならないように、と人びとは思います。

人間を罰するかどうかは、神の自由裁量です。罪ある人間を、罰することもできるし、罰しないこともできる。

罪があるのに罰せられないことを、救いといいます。あるいは、赦《ゆる》しといいます。神さま、救ってください。赦してください。このように祈るのが、一神教の祈りです。神を自分たちの、「主《しゅ》」と認めていることになります。

人間は、自分で自分を救うことができない。神が、神だけが、人間を救う。これが、一神教の基本構造です。

＊

このように、一神教の考え方の順序は、つぎのようです。

神が主人である↓人間が神に背く↓人間に罪がある↓神が人間を罰する↓罰しないこともできる↓神に救って下さいと祈る。

祈ることは、一神教の基本です。

でも日本人は、この点がまた、納得が行かない。

日本では、「苦しいときの神頼み」といって、神に祈らないのが、ノーマルである。神に祈る代わりに、自分の努力で、苦しい状況を打開しようとするのが、人間として正しい態度だと考えます。その努力をしないで、神さま、何とかして下さい、と祈るのは、人間としてなっていない。間違っている、と考える。ほんとうに苦しくてどうしようもない状況で神に祈ることは、人間的に理解できるが、できれば私はそんなことはしたくない、なのです。

＊

一神教の基本は、人間は価値がない、でした。

それにしては、一神教を信じる人びとは、キリスト教徒にしても、イスラム教徒にしても、自信たっぷりで威張っているように思いませんか?

それは、こうです。

一神教の基本から、導かれる命題は、人間に価値があるかどうかを、神が決めるということ。人間は、そのひとに価値があると神が思えば、価値がある、なのです。だから、神が自分を支えている、と思っている人間は、自信たっぷりになる。

そのひとに価値があると、神に思われているかどうか自信がない場合はどうか。そんな人間にしても、自分に価値があるかどうかは神が決める、あんたに決められる筋合いはないよ、と思っている。

神を信じ、神に従う。それは、目の前にいる人間に、左右されない、ということです。

そこで一神教では、信仰／教会と、権力／王権が、分離する。キリスト教の場合ははっきりと、教会／王権、の二本立てになるのです。

英語で、言ってみよう

話は戻って、一神教の基本です。

グローバル化の時代、日本語で理解していても、海外の人びとに説明できなければしょうがない。せめて英語で、考えをはっきりのべなければならない。

その通りです。そこで、以下、英語にできるところは、なるべく英語でも説明しましょう。

手始めに。「一神教」を、英語で言ってみよう。

＊

ん？　学校で習わなかった？

そうなのです。日本でふつうに英語を習うと、宗教関係の語彙《ごい》がごっそり抜けてしまうのです。宗教を学校で教えてはいけないから。宗教は、試験に出ないから。「でる順」みたいな単語帳は、過去問の出題例をもとにしますから、宗教の単語が入っているわけはない、ですね。

「一神教」は、英語で、monotheism です。

モノセイズム。日常しょっちゅう使う単語ではありませんが、でも、英語の基本語彙です。この際、覚えておきましょう。

覚え方。mono + the + ism。モノ、はラテン語で、1ですね。イズム、は英語で、宗教を表すのに使います。仏教なら、ブッディズムとか。

まん中の the- または theo- というのは、ギリシャ語で「神」を表す言葉。theology といえば、神学。theocracy といえば、神権《しんけん》政治、ですね。

というわけで、「神が・一人いる・という宗教」。つまり、一神教、になるのです。

語源にさかのぼると、覚えやすくて、忘れにくい。

来年あたり、誰かが、monotheisticと言ったら、あ、「一神教的」と言ったな、と気づきましょう。

＊

では、これを踏まえて、「多神教」を英語で言ってみよう。

multitheism？　残念でした。マルチも、多いという意味ですが、ユニの反対です。正解は、polytheism（ポリセイズム）。「神が・大勢いる・宗教」ですね。

多神教になにがある？

一神教、多神教にそれぞれ、どんな宗教があるか。

世界には、さまざまな宗教があります。その大部分は、多神教です。一神教は、とてもめずらしい。三つしかない、と言ってもよい。残りはほとんど、多神教。ほっておくと、宗教は多神教になってしまうのです。

どんな多神教があるか。思い浮かぶ宗教を、順に言えば、だいたい多神教です。古代ギリシャの宗教。ローマの宗教。メソポタミアの宗教。エジプトの宗教。インドの宗教。ヒンドゥー教は、多神教の典型ですね。いろんな神さまがいる。道教《どうきょう》。そして、神道。

＊

多神教のようで、多神教でないのは、仏教です。

あとで詳しくのべますが、仏は、覚《さと》った人間、のこと。神ではない。誰もが、仏になることを目指すのが、仏教です。だから、神とは関係ない。

仏教は、多神教の本場である、インドで興《おこ》った宗教なので、ヒンドゥー教の神々が、仏教に混じってきました。そこでだんだん、多神教とまぎらわしくなったのです。

もうひとつ、多神教と言えないのが、儒教です。

これもあとでのべますが、儒教はもともと、神々に関心がない。神をおがまない。よって、多神教ではない。聖人をあがめますが、聖人は、人間です。

仏教も、儒教も、神をおがまないのですから、一神教でも多神教でもありません。

ゾロアスター教

一神教と多神教の中間に、二神教というものもあります。

古代ペルシャのゾロアスター教が、二神教です。

光の神アフラ・マッダ。闇の神アハリマン。この善悪の二神が争っている、とするのがゾロアスター教です。この世に悪があるのは、悪の神のせいである。一神教よりも、悪の説明が簡単である。最後の最後には、アフラ・マッダが勝利を収め、悪の神は滅ぶ。結局、神が一人になってしまう点は、一神教に似ています。

ゾロアスター教はヘレニズム世界に伝わり、マニ教になったという。マニ教も、二神教である。最大の教父アウグスティヌスも、かつてマニ教徒だったことがある。

ゾロアスター教はその後、勢力を失い、インドで細々と伝わるだけ。けれども、天使と悪魔、などの考え方が、キリスト教にもぐり込んでいる、と言われます。

三つの一神教

さて、一神教は、三つしかない。しかし、信徒の数はとても多い。合計で四〇億人、人類の半数以上は一神教の文明に属しています。

この、三つの一神教を、古いほうから順にあげてみると、

・ユダヤ教　Judaism
・キリスト教　Christianity

・イスラム教　Islam
となります。

＊

ユダヤ教を、英語でいうと、Judaism。これは、ユダJudeから来ています。ユダは、人の名前。ヤコブは、別名イスラエル。アブラハムの子であるイサクの子で、一二人の息子がいました。それぞれがイスラエルの民・一二部族の祖となりましたが、その一人がユダです。ユダの子孫がユダ族。エルサレム周辺を勢力範囲とする、有力な部族で、ユダ王国を築きました。残りの部族は、北のイスラエル王国を築いたのですが、アッシリアに滅ぼされ、地上から消えてしまいました。残ったのは、ユダ族だけ。そこで、イスラエルの民をユダヤ人、その宗教をユダヤ教、というようになったのです。

＊

キリスト教を、英語でいうと、Christianity。

英語では、宗教はismをつけるものなのですが、キリスト教に限ってはityをつける。別格なのです。ismをつけるユダヤ教や仏教は格下で、キリスト教は格上、というニュアンスを私は感じます。英語はキリスト教中心にできているのですね。

キリスト教徒は、Christian。クリスチャンは、日本語になっていますね。ちなみに、フランシスコ・ザビエルが日本にキリスト教をもたらしたのは、一五四九年。「以後よくみかけるクリスチャン」と覚えます。

＊

イスラム教を、英語でいうと、Islam。アラビア語をそのままローマ字にしたもので、「平和」という意味に通じます。

イスラム教徒は、muslimですね。これは男性で、女性はmuslimaといいます。

ひとつ注意。Islamismという英語もあります。これを、イスラム教の意味で使わないようにしましょう。イスラミズムは、「イスラム主義」という意味。イスラム教徒のなかで主義主張に凝《こ》り固まって、自分たちの考えを通すため手段を選ばす行動する人びと。イスラム過激派、というニュアンスになります。よくない言葉なので、必要がないのに使わないようにします。

メシアとキリスト

キリスト教の基本は、「キリスト」とは何かです。

これがわからなければ、どうしようもない。

いま、クリスチャンの話が出ましたから、その元である、Christ について、簡単に説明しておきましょう。

＊

キリストとはなにか。

イエスが名前で、キリストが苗字《みょうじ》、と思っている学生がいて、びっくりしました。皆さんは大丈夫ですか。

キリストは、苗字ではない。称号です。「救い主」という意味です。

「救い主」はもともと、ヘブライ語で「メシア」といいました。それに当たる言葉がないので、それをギリシャ語で「クリストス」と訳した。それが、ラテン語や西欧各国語にキリストとして伝わったのです。

「メシア」は本来、「油を注がれた者」という意味でした。メソポタミアでは、油は貴重品で、大事な儀式に用いました。イスラエルの民の場合、油を注ぐのは、
（1）王の即位式
（2）預言者《よげんしゃ》が、後継者を指名する場合

（3）「救い主」を選び出す場合

の三つです。王の即位式が本来で、その儀式を、預言者に応用したのでしょう。三番目の「救い主」は、実際に油を注ぐわけではなく、神ヤハウェに選ばれた（＝油を注がれた）という意味で、のべています。

＊

『旧約聖書』をみると、最初にメシア（救世主）とされているのは、ペルシャ王クロスです。クロス王は、東から攻めてきて、バビロンを陥れ、バビロニアを滅ぼした。捕囚《ほしゅう》されていたユダヤ人を自由にし、故国に戻って神殿を再建してもよい、奪われた祭具《さいぐ》も返してあげる、と厚遇《こうぐう》してくれたのです。ユダヤ人は、どう思ったか。われわれの祈りがヤハウェに届いた。故国へ戻りたいという願いを神が聞き入れ、ペルシャ王クロスを遣《つか》わしてくれた。クロス王は、ヤハウェが送った救い主である。やはりヤハウェは偉大だ。

クロス王は、自分の都合で、ペルシャからバビロニアに攻めて来たのでしょう。ユダヤ人の宗教に理解を示したのも、懐柔《かいじゅう》政策の一環です。けれども、ユダヤ人の信仰の立場からは、クロス王は救い主（メシア）だと信じられたのです。

メシア（救い主）＝キリストの、性質をまとめておきましょう。

（1）人間で、ヤハウェに遣わされてやって来る
（2）ユダヤ民族を救う
（3）王であって、家来の軍勢を率いている

ユダヤ民族を救うには、力がなければ務まりません。そこでメシアは、王なのです。王は、家来が大勢いて、軍事力をもっている。それで、人びとを救うことができるというわけです。

＊

クロス王に解放され、故国に帰還したユダヤ人でしたが、そのあとも苦難は続きます。アレキサンダー大王に攻められ、その子分のセレウコスにいじめられ。そのあとローマ帝国に攻められ、属国《ぞっこく》になってしまいます。苦しい目にあうたび、ユダヤ人は思います。ああ、またメシアが来てくれないかなあ。そろそろヤハウェがメシアを送ってくれてもよい頃なのに。

このように、メシアの到来を期待することを、メシア待望論といいます。人びとは、彼こそメシアではないか、いやこの人ではないか、と右往左往しました。

洗礼者ヨハネが現れたときも、メシアではないかと評判になりました。洗礼者ヨハネは

言いました、いや、私ではない。私より後から来る方は、ずっと偉大だ。私はその方の、靴のヒモをほどく値打ちもない。

そうして、ナザレのイエスが現れたので、人びとは、イエスをメシア、すなわちキリストと信じたのです。

イエスが十字架で処刑されたとき、頭のうえに、ＩＮＲＩ（ナザレのイエス、ユダヤの王）と名札が貼られたといいます。ローマの兵士たちが嘲《あざけ》って、イバラの冠を被《かぶ》せたともいいます。イエスがメシアであるとは、王であるという意味だったからです。

＊

イエスは、メシアであるはずが、人びとを救うどころか、捕らえられ死刑になってしまいました。死刑になったのでは、人びとを救うことはできません。そこで人びとは、がっかりして散り散りになってしまいました。弟子たちも、同様でした。

けれども、イエスは死んだけれども復活した、そして天に昇った、やっぱりメシア（キリスト）だった、今度来るときには、天の軍勢を率いて王としてやってくる、と言い出すひとが出てきて、人びとはそれを信じました。これが、キリスト教の起源です。

神の呼び方

話を戻して、三つの一神教。ユダヤ教、キリスト教、イスラム教があるのでした。

では、それぞれ、神にどう呼びかけるか。

イスラム教は？　そう、アッラー。神に、アッラーと呼びかけます。

ユダヤ教は？　そう、ヤハウェ。神に、ヤハウェと呼びかけます。

＊

ヤハウェは、エホバともいいます。同じことです。なぜ、ヤハウェとエホバと二つ言い方があるのかというと、ヘブライ語の聖書には、神の呼び方がヘブライ語で四文字で書いてあります。それをローマ字に直すと、ＹＨＷＨとなります。イスラエルの人びとは、その箇所を音読するとき、そのまま読むのは畏《おそ》れ多いと、「わが主」などと呼び換えていたのですね。それを続けているうち、もとの読み方がわからなくなってしまいました。正式なヘブライ語の文書は、母音を書かず、子音だけ記すのです。

もとの読み方を、学者が研究して、復元しようとしました。最初、ＹｅＨＷａＨと母音を補って、エホバだ、という説が唱えられました。そこで、エホバというようになりました。明治時代には、エホバといっていたのです。ところがそのあと、いや、ＹａＨＷｅＨ

と母音を補って、ヤハウェと読むのだ、という説が唱えられました。いまはこの説が有力で、ヤハウェというようになったのです。だから、呼び方が二つあるのです。

＊

では、キリスト教で、神をどう呼ぶか？

キリスト教は、言語によって、神のよび方が違います。英語で考えてみましょう。

英語で、神をどうよびますか？　そう、Ｇｏｄ。ゴッド、ですね。

Ｇを大文字で書いて下さい。小文字だと、大勢いる神々、になってしまいます。

Ｇｏｄのほかには、Ｌｏｒｄ（主）、Ｆａｔｈｅｒ（父）ともいいます。

ゴッド、主、父。ゴッドは、普通名詞です。主、父も、普通名詞です。固有名詞ではない。神を、名前で呼ばない。

なぜ神を、名前で呼ばない？　名前があるのに、名前で呼ばないとしたら、失礼ではありませんか。一神教の神に、名前はあるのか？

＊

補助線として、多神教の神を考えてみましょう。多神教の神に、名前はあるか？

たとえば、神道の神に、名前はあるか？

あるでしょう。アマテラスとか、イザナギとか、オオクニヌシとか。

なぜ、神道の神さまに、名前があるか。それは、神さまが大勢いるので、名前がないと区別するのに、困るからです。

この理由で、多神教の神には、みな、名前があります。

ヒンドゥー教なら、ビシュヌ、シヴァ、ガネーシャ、ハヌマン、……など。ギリシャの宗教なら、ゼウス、ポセイドン、アフロディテ、……など。ローマの宗教も、エジプトの宗教も、神さまにはみんな、名前があります。

神さまが大勢いる場合、区別するのに、名前が必要です。

＊

これを参考にすると、一神教の場合は、こうです。

一神教の神には、名前がない。ひとりしかいないので、名前が必要ない。

と言うか、むしろ、神に名前があったらおかしい。名前があったらいけない。名前があったら、潜在的に、ほかにも神がいる、と認めていることになるからです。

人間にはみんな、名前があります。太郎とか。それは、ほかに似たような存在（次郎とか、花子とか）がいて、区別するためですね。

神はひとりしかいないので、「神さま」と呼べば十分。名前は必要ないのです。そこでＧｏｄと呼ぶ。ＬｏｒｄやＦａｔｈｅｒも、名前ではありませんから、そう呼んでもいいのです。

＊

では、イスラム教ではなぜ、神を、アッラーと呼ぶのか。

答え。

アッラーは、アラビア語で、「神」という意味の普通名詞なのです。英語でＧｏｄといっているのと同じです。イスラム教徒も、一神教の原則をしっかり踏まえて、神を普通名詞で呼んでいるのですね。わかりましたか。

そこで、おまけの、応用問題。読者のあなたが、アラビア人だったとします。洗礼を受けて、キリスト教に改宗しました。神をなんと呼びますか？

はい。アッラー、ですね。普通名詞の神は、アラビア語では、アッラーなんだから。

実際、アラビア語を母語とするキリスト教の教会を、見学しました。シリア正教の教会です。聖書は、英語とアラビア語の対訳。祈りを聞いていると、たしかに、アッラーと呼びかけている。アッラーは、イスラム教の専売特許ではないのですね。

＊

では、ユダヤ教では神をなぜ、ヤハウェ、と呼ぶのか？

ここまで準備をしたから、もうわかりますね。ヤハウェは、ヘブライ語で、神を表す普通名詞――ではない。残念でした。ヘブライ語には、神を表す普通名詞がほかにあります。それはｅｌ（エル）。エロヒームともいいますが、ともかく、普通名詞がほかにある。

人間の名前や地名によく、エルが入っています。サムエル、ダニエル、ミカエル、ガブリエル、……。あれはみな、神という意味です。イスラエル。これももともと人名で、ヤコブの別名（あだな）でした。ヤコブは神と格闘したので、神と争う者、という意味なのです。ヤコブは、イスラエルの民の、祖先と考えられています。

ヤハウェは、神を表す普通名詞、ではない。では、なにかと言えば、神のあだ名のようなもの。神がシナイ山でモーセに、「わたしをヤハウェと呼んでもよろしい」と、許可したのです。そこでヤハウェと呼ぶようになった。

ヘブライ語聖書のテキストには、神をエルと呼ぶ箇所と、ヤハウェと呼ぶ箇所が混在しています。どちらでもよいのです。

ヤハウェはヘブライ語で、「存在する」という動詞から派生したかたち。強いて英語に直せばｂｅｉｎｇで、「存在者」「生きている」「永遠の」みたいな意味になります。神の性質を表す形容句。つまり、あだなです。でも、名前（固有名）ではない。

ヤハウェとＧｏｄとアッラー

さて、ここで重大な質問をします。

ヤハウェと、Ｇｏｄと、アッラーの関係をのべなさい。

ユダヤ教の神と、キリスト教の神と、イスラム教の神の、関係を聞いているのですね。

この質問は、とても重要。本書前半の、ハイライトです。

答え。

どれも一緒。同じ神、なのです。ヤハウェ＝Ｇｏｄ＝アッラー、である。

ふつうの本にははっきり書いてありませんが、これが大事。ここがわからないと、一神教がわかりません。ひいては、キリスト教文明とイスラム文明の関係がわからず、グローバル世界の基本構造がわからなくなる。

＊

ユダヤ教、キリスト教、イスラム教は、同じひとつの神を信じています。単に一神教である点が共通、なのではなく、同じひとつの神を信じる点が共通、なのです。

日本人の感覚で言うと、同じひとつの神を信じる宗教は、同じ宗教です。なぜ、別々の宗教ということになっているのか。

同じ神を信じるから、同じ宗教。そう考えても、よろしい。ある意味、それは当たっている。ではなぜ、互いにいがみあって、仲がわるいのか。それは、神が同じでも、「信じ方が違う」からなのですが、この点は追い追い説明しましょう。

＊

ヤハウェ＝Ｇｏｄ＝アッラー、だと言いました。

これを、証明できますか。

どんな根拠で、ヤハウェとＧｏｄとアッラーが、同一だと言えるのでしょう。

ヤハウェとＧｏｄとアッラーの関係。これは神の根幹に関わる問題ですから、人間の意見で決めてはならない。神の考えにもとづくべきです。でも、神に電話をかけて聞くわけにはいかない。とすれば、なにを参照すればよいか。神の言葉です。神の言葉は、ユダヤ教のヘブライ語聖書、キリスト教の新約聖書、イスラム教のクルアーン（コーラン）と、三つある。このどれをみるのが、よいと思いますか。

クルアーンですね。アッラーが登場するのは、クルアーンだから。

そこで、クルアーンを読んでみると（岩波文庫で、上中下の三冊で出ています）、最初のほうに、アッラーが自己紹介する部分があります。ムハンマドよ、よく聞け。わたしはこの世の造り主。アブラハムを選び、モーセに預言を与え、多くの預言者を遣わし、マリアの子イエスに預言を与え、いま、最後で最大の預言者、ムハンマドに啓示を与える、最後の審判の主宰者《しゅさいしゃ》、アッラーであるぞ。――アッラーが自分で、ヤハウェとＧｏｄと同一の神だと、言っているのですね。

クルアーンにこうはっきり書いてあるので、イスラム教徒はみな、アッラーはヤハウェやＧｏｄと同一の神であると、理解しています。証明終わり、です。

＊

問題は、キリスト教徒やユダヤ教徒も、このように理解しているかどうか。

キリスト教徒はそもそも、イスラム教をどのようにみているのでしょうか。ムハンマドは預言者か。クルアーンは、神の言葉を記した書物か。

キリスト教徒は原則、イエス・キリストのあと、預言者が現れるとは考えていません。預言者は、イエス・キリストの到来を預言するものなので、イエス・キリストが現れたあとでは、出番がない。預言者の代わりに、イエスが昇天したあと、聖霊《せいれい》が活動することになっています。(強いて言うなら、ヨハネ黙示録《もくしろく》を書いた、ヨハネは例外です。パトモス島にいたので、パトモス島のヨハネと呼ばれる黙示録の著者は、復活のイエスに会って、やがて来る終末のそのときのありさまを、幻として啓示されました。それをまとめたのがヨハネ黙示録です。ヨハネは、イエスが昇天したのちの、預言者です。)

そこで、キリスト教からすると、ムハンマドは預言者ではない。それなのに、預言者だと主張している。ならば、「偽」預言者です。ペテン師です。クルアーンは、神の言葉ではなく、でたらめなフィクションです。このように、キリスト教は、イスラム教を認める余地がない。はじめから、ケンカ腰です。

＊

イスラム教から、キリスト教、ユダヤ教はどうみえるか。

イスラム教徒は、ムハンマドについて、「最後で最大の預言者」と信仰告白します。ムハンマドは「最大」の預言者ですから、クルアーンを重視する。「最後」ですから、ムハンマドより後に、もう、預言者は現れない。クルアーンが書き換えられることはない。

そこまではわかりやすいですが、ムハンマドが「最後の預言者」であることに、注意して下さい。ムハンマドより前に、預言者がいた、ということです。それは誰かと言えば、モーセ。そして、マリアの子イエス。モーセもイエスも、アッラーの預言者である。これが、イスラム教の立場です。

であるなら、モーセに従うユダヤ教徒も、イエスに従うキリスト教徒も、アッラーの啓示に従う民、ということになります。異教徒ではなく、同じアッラーを信仰する人びと。ただし彼らは、古い預言者に従っている。

そこで、彼らに対するイスラム教の態度は、(1) イスラム教に改宗することが望ましい。(2) しかし、改宗しなくてもいい。(3) 改宗しない場合は、税金を余計に払いなさい。という具合に、イスラム教徒と、ユダヤ教徒、キリスト教徒は、共存することになっている。イスラム教には、「宗教的寛容」が内蔵されているのです。

＊

ユダヤ教からみて、キリスト教、イスラム教はどうみえるか。

ユダヤ教徒は、人数が少なく、キリスト教徒やイスラム教徒に遠慮しながら、自分たちの信仰共同体の自治を認めてもらうのが精一杯で、相手に注文をつけるどころではない。ユダヤ教徒はまじめだし、自分たちを守るためもあって、キリスト教やイスラム教がどういう信仰をもっているか、よく理解しているはずである。

いっぽうキリスト教は、ユダヤ教徒を、神の子イエス・キリストを受け入れず、十字架につけた、頑《かたく》なな人びとだと考えるほかない。福音書《ふくいんしょ》には、パリサイ人への非難が書きつらねられています。パリサイ人とは、律法《りっぽう》に忠実なユダヤ教厳格派のこと。キリスト教はユダヤ教に対しても、最初からケンカ腰です。

＊

とは言え、キリスト教は、イスラム教、ユダヤ教に、もともと引け目を感じていたことを、忘れてはいけません。キリスト教は神学の発展が遅れ、はじめのうちキリスト教の神学者は、イスラム教圏に留学して、神学を学んでいた。ヘブライ語の聖書も、カトリック教会では読めるひとがいなかった。そもそもヘブライ語の聖書を、もっていなかったのです。

聖典

一神教で重要なのは、神の言葉をまとめた聖典です。

ユダヤ教の聖典は、タナハ（Tanakh）。ヘブライ語で書いてあり、なかみは旧約聖書と一緒です。タナハは、一世紀に、ユダヤ教の学者たちが編纂しました。キリスト教はそれをそのまま、自分たちの聖書にして、旧約聖書とよんだのです。

キリスト教の聖典は、聖書。旧約聖書（Old Testament）と新約聖書（New Testament）からなる。新約聖書は、福音書／使徒言行録《しとげんこうろく》／書簡／黙示録、からなる。

イスラム教の聖典は、クルアーン（コーラン）。ムハンマドの受けた啓示をまとめたもの。クルアーンには、タナハや福音書からの引用が多くあり、ユダヤ教、キリスト教の聖典を前提としています。

＊

ユダヤ教の聖典タナハは、ヘブライ語で書かれている。シナゴーグ（ユダヤ教の会堂）の中央に安置されていて、毎週、ヘブライ語の本文を朗読する。そのため、ユダヤ人はある程度、ヘブライ語を解することになります。

キリスト教の聖典は、聖書。聖書は、翻訳しても聖書である。東方のギリシャ正教会はギリシャ語を、西方のカトリック教会はラテン語を、教会で礼拝に用いた。今日では、英語／フランス語／ドイツ語／ロシア語／……と、聖書は各国の言語に翻訳されている。

イスラム教の聖典は、クルアーン。クルアーンは、アラビア語で書かれている。これを翻訳すると、神の言葉でなくなる。礼拝で用いることはできない。翻訳は、人間の解釈なので、神の言葉でなくなってしまうから、です。

＊

クルアーンの翻訳ができないことは、どのような効果があるのか。

イスラム教は、アラビア語圏をはみ出して、トルコ語、ペルシャ語、中央アジア、インド、東南アジア、北アフリカ、の地域に拡大した。そうした社会では、一部の人びとが、アラビア語の読み書きを学習し、クルアーンを理解するようになる。そして、アラビア語でクルアーンを解釈できるその地域社会の知識人が、指導者として、人びとを指導するようになるのです。王侯貴族や大商人や軍人も、彼らを無視して勝手なまねはできない。この、指導的な知識人が、イラスム法学者です。法学者が、高い社会的地位をうる。

もうひとつの効果は、人類規模のイスラム共同体（ウンマ）の、コミュニケーションを保証すること。イスラム教徒は、毎日そろってメッカの方向に礼拝する。そして、生涯に一度はメッカを巡礼で訪れることを奨励される。

メッカは毎年、世界各地からの巡礼者で溢れかえる。彼らは、母国語もまちまちだが、同じムスリムとして、アラビア語で交流できる。自分たちが一体であることを、体感できる。キリスト教にはない交流の仕組みですね。

＊

聖典は、このように重要な役割を果たす。

聖典をもたらしたのは、預言者である。そこでつぎに、預言者について考えてみます。

預言者

預言者は、一神教に不可欠な存在です。

そして、一神教にしか、ありえない存在でもある。

預言者という存在を理解すると、一神教の成り立ちが根本から理解できます。

＊

預言者。英語では、prophet。その定義は、「神の言葉を聞く人」です。

預言者は、人です。神でない。よって、預言者を拝んだり、あがめたりしてはならない。

一神教は、ただひとりの神を拝み、それ以外のものを拝んではならないのですね。

イスラム教は、この点を特に強調します。預言者ムハンマドの像をつくってはならない。

ほかのどんな像もつくってはならない。像をつくると、つい拝みたくなるから。

預言者は、神の言葉を聞く。そして、語る。預言者の伝える神の言葉が重要で、預言者は重要ではない。この考え方を、よく理解しなければならない。

＊

さて、どんな社会にも、霊と交流したり、将来を予見したりする、超能力をそなえた人びとがいるものです。彼らを、予言者（fortune teller）と総称します。

予言者は、人びとの求めに応じて、必要なことがらを告げます。行方不明のヒツジは、どこそこにいますよ。亡くなった親は、幸せにしていますよ。いま戦争すれば、勝ちます。相手が満足することを告げるので、報酬がもらえる。つまり、職業にできる。そして、多くの報酬を払える王宮には、たいていこうした予言者が雇われています。

預言者は、こうした予言者と違う。

まず、相手が満足するどころか、耳に痛いことを言う。神の命令に背いていると、ひどい目にあいますよ。当然、報酬をもらえない。よって、職業にできない。しばしば、殺されてしまったりする。ムハンマドも殺されかけた。

では、誰が預言者になるか。皆さん、預言者になりたいですか。

なりたくてなるわけではないんですね。神に選ばれる。突然、神の声が聞こえてくる。

特別な知識や、訓練や、社会的地位や資産は必要ない。預言者に選ばれるのは、危険で迷惑なことなのです。

＊

一神教の預言者の、社会的機能を確認しておきましょう。

一神教は、唯一の神（以下、Ｇｏｄ）に、人びとが従うことである。

Ｇｏｄに従うためには、Ｇｏｄが何を考えているか、知らなければならない。Ｇｏｄの意思する通りに考え、行動するのが、人びとのつとめだから。

けれども、ふつうの人びとは、Ｇｏｄの意思を知ることができない。Ｇｏｄは、その辺りを歩いていない。連絡も取れないからです。

ところが、なかには、神の声を聞くひとがいる。ふつうの人びととはちょっと変わっていて、アルバイトに羊飼いをしていたりする。モーセも、砂漠で羊を飼っていました。羊飼いは、非正規労働で、時間も不規則で、人里離れた場所にいる。神の声を聞きやすいのかもしれない。

そんな彼が、神の声を聞きます。わたしはＧｏｄである。人びとのところに行き、Ｇｏｄがこれこれ、このように言っていると伝えなさい。神の命令なので否応なく、言わ

図2–2　神と、人びとと、預言者

れた通りに、人びとに伝えに行く。人びとが、それを信じれば、神を信じる一神教の集団のできあがりです（図2―2）。

＊

預言者は最初、口頭で、神の言葉を伝えていた。

そのうち、預言者は、神の言葉を文字に書き記すようになる。預言者は、文字が書けるとは限りませんが、助手が預言を筆記する場合もある。そうやって、預言者ごとに、一人一冊、預言書がまとめられる。イザヤ書、エレミア書、エゼキエル書、みたいに。

モーセは預言者として別格で、一人で五冊も預言書がある。旧約聖書の冒頭にある、モーセ五書(Pentateuch)。創世記《そうせいき》、出《しゅつ》エジプト記、レビ記、民数《みんすう》記《き》、申命記《しんめいき》、の五つの書物です。

Ｇｏｄとの契約

モーセの預言やムハンマドの預言が典型的ですが、Ｇｏｄの言葉は、Ｇｏｄと人間との契約（covenant）である。契約こそが、宗教のなかみなのです。

契約の観念は、世界中にある。日本にもある。日本人の考える契約は、人間と人間が結ぶもの。世俗的な関係（ビジネス）です。宗教とは関係がない。

一神教の契約は、Ｇｏｄと人間が結ぶもの。神が相手だから、神聖な契約だ。これを守ることが、宗教のなかみなのです。

Ｇｏｄとの契約も「契約」だから、ふつうの契約の特徴をそなえています。結ぶこともできるし、結ばないこともできる。結んだ以上は、双方を拘束する。契約を守っているのか、違反しているのか、明確に判断できる。そして、契約に違反すると、罰せられる。

契約の目的は、相手の行動の予想可能性を高めること。自分の行動も束縛されるが、相手の行動を束縛できる。自分が束縛されるコストを上回る利益が、相手を束縛することによってえられるので、契約を結ぶ。相手の行動が予測のつかない他者との間に、安定した社会関係を設定する技術です。

日本人は、契約を結ぶことを「水くさい」と感じ、契約を結ばないですむ関係を好みます。それを言うなら一神教は、契約を結ばないではすまない、「水くさい」(見知らぬ他者との)関係なのです。

＊

預言者が、契約を結ぼうというＧｏｄの意思を伝えた。それを断ることはできません。そこで契約を結んだ。これが、Ｇｏｄとの契約です。

Ｇｏｄは、圧倒的な力をもった存在である。Ｇｏｄとの契約を守ることは、人間にとって、Ｇｏｄに対する絶対の義務。契約は、神の命令である。よって、契約はそのまま、法律(宗教法)になるのです。

そこで、ユダヤ教には、ユダヤ法。イスラム教には、イスラム法があります。宗教法があるのが、一神教の基本形(プロトタイプ)です。

キリスト教は、宗教法がない。もともとあったものを、イエス・キリストがなくしてしまった。だから、一神教としては、例外的。宗教法のないキリスト教を規準に、一神教を理解してはいけません。

＊

宗教法は、信徒の日常生活を規定します。食事の仕方。家族の営み方。日常生活の送り

図2–3　神と人びとと預言者の間に、契約が介在する

方。経済や政治のあり方。六法全書のように、刑法／民法／商法／刑事訴訟法／民事訴訟法／手形法・小切手法／……といった具合に、人びとの生活全体をカヴァーする。日常生活の全体が、そのまま、宗教活動になる。

この特別の感覚は、日本人には理解しにくいものなので、注意しましょう。

宗教法の立法者は？　Ｇｏｄである。人間ではない。宗教法（Ｇｏｄとの契約）を、人間が言い出して、書き換えることができますか。できませんね。よって、ユダヤ法は出来たときのまま。イスラム法は出来たときのまま。変化しない。これまでも変化しなかったし、これからも変化しないでしょう。

そういう不変の宗教法にもとづいた、宗教共同体が存続していることに、畏敬の念を抱かないわけにはいきません（図2―3）。

安息日

では、宗教法のなかみを、順番にみて行きましょう。

まず第一。安息日《あんそくにち》。

安息日は、英語で、サバス（sabbath）といいます。

安息日とは、一週間に一日、仕事を休むことです。

安息日は、Ｇｏｄが天地を創造したという、創世記の記事にさかのぼります。

＊

Ｇｏｄは、天地を造った。太陽や月や天体を造り、山や川を造り、植物や動物を造り、人間を造った。この世界のすべてを造った。

Ｇｏｄは、世界を、何日間で造りましたか？

答えは、六日間。一日目には、光あれと言うと、光があった。二日目には、……と、毎日の創造の様子が、創世記第一章に具体的に書いてあります。

そして、七日目に、休んだ。一神教は、七日を一週間として時間を区切る暦を用いますが、この創世記の記事がもとになっています。

Ｇｏｄは言う、これを記念し、七日目を聖なる日として、安息するように。よって、安息日に休むことは、宗教法の大事な決まりになります。

＊

では、安息日は、何曜日か。

ヒント。一週間は、何曜日から始まるか？

月曜日、と思っているひともいるようです。土日を週末というからね。でも、答えは日曜日。一週間は、太陽系をかたどっているので、大事な星の順番に、太陽（日曜日）→月（月曜日）→火星（火曜日）→……と巡っているのです。最後は、土星（土曜日）。

これを踏まえると、安息日は？

土曜日です。だって、七日目だから。

よって、ユダヤ教徒は、土曜日を安息日として守ります。

ユダヤ教の暦は、日没で日を区切っていたので、金曜の日没から土曜日が始まった。金曜の日没から土曜の日没までが、土曜日。この期間は、働きません。職場に行かない。主婦は、料理をつくらない。土曜日の食事は、金曜日のうちに用意しておきます。マッチを擦《す》らない。フライデー・キャンドルといって、土曜日の晩のロウソクは、金曜日のうちに灯《とも》しておきました。マッチがいけないならと、電気のスイッチを入れないひともいて、エレベーターに乗らなかったり、自動車を動かさなかったりする。

日没から次の日になるという考え方は、クリスマス・イヴに、その痕跡《こんせき》が残っていると思います。

シナゴーグに集まるのは、土曜日です。

＊

安息日は、人びとが一斉に休養し、奴隷や家畜を含めて、資源の消耗を防ぐ、という意味がありました。主人が、労働者や奴隷を働かせたくても、神の命令であれば、安息日を守らざるをえない。

中東地域は、乾燥していて、雨季と乾季があるが、晴天が何日も続く。そこで、一週間に一日、と機械的に休むのが合理的です。日本のように、雨天の日が多い地域では、雨の日に休むのが合理的である。

もうひとつ、安息日は、信仰を行動で示す、という意味があります。日本人は、信仰は内面の問題で、外見に現れないと考えがちだが、世界的にみると、宗教が行動や服装で目に見えるほうが一般的。信仰が目に見えるなら、第三者がそれを問題にすることができます。

土曜日が、安息日。

＊

だとすると、キリスト教徒はなぜ、日曜日に休むのでしょうか。

実は聖書に、はっきりその根拠が書いてあるわけではない。教会の古い習慣なのです。

キリスト教徒の言い分はこうです。イエス・キリストが、ゴルゴダの丘で十字架につけられた。これは、過ぎ越しの前の、金曜日の朝だったと福音書に書いてある。そして、午後三時ごろに亡くなった。日没が近く、安息日が始まるまで時間があまりない。そこで人びとは大急ぎで、死骸を十字架から降ろし、清め、新しい布で巻き、空いた墓穴にほうりこんで、入り口を石で蓋《ふた》した。ここまでで日没になってしまい、みな家に戻って、翌日まる一日を安息した。明けて三日目の日曜日、女たちが墓に来てみると、入り口の石がどけられ、中は空っぽ。イエスが復活した、ということになったのです。

日曜日に、イエス・キリストが復活したのだから、それを記念して、教会に集まり祈りをささげる。日曜日は主の復活の日、「主日《しゅじつ》」である。これがキリスト教の理解です。

キリスト教のなかにも少数ですが、聖書の通り、土曜日に礼拝すべきだ、とするグループがある。たとえば、セブンスデー・アドベンチスト教会。「セブンスデー」とは、土曜日のことです。

＊

じゃあ、イスラム教の安息日は、何曜日？

答えは、金曜日。イスラム教徒は、金曜日に休み、金曜日にモスクに集まって礼拝します。なぜか？　クルアーンにそう、書いてあるからですね。

ユダヤ教が土曜日、キリスト教が日曜日、イスラム教が金曜日。何曜日に休むかで、信仰がはっきりわかる。はっきりわかることを目的に、安息日（や主日）がずらしてあるとしか思えない。

食物規制

安息日のほかに、もうひとつ、宗教法の重要なルールは、食物規制。食べてはいけないものがある。

「食物規制」は、日本人には馴染みがないので、慎重に理解する必要があります。

イスラム教徒がブタを食べない。アルコールも飲まないことは、みんな知ってますね。でも、その程度の簡単なルールだと思ってはいけない。

＊

ユダヤ教の食物規制がまとめてのべてあるのは、旧約聖書『申命記』の一四章です。抜き書きしてみましょう。《すべていとうべきものは食べてはならない。食べてよい動物は次のとおりである。牛、羊、山羊、雄鹿、かもしか、子鹿、野山羊、（中略）その他ひづめが分かれ、完全に二つに割れており、しかも反芻《はんすう》する動物は食べることができる。（中略）いのしし。これはひづめが分かれているが、反芻しないから汚れたものである。これらの動物の肉を食べてはならない。死骸に触れてはならない。》

ここで「いのしし」とは、ブタのことです。

この箇所に続いて、水中の生き物のうち、ひれやうろこのないものは食べてはならないとか、鳥のうち、リスト（とても長い）にあるものは食べてはならないとか、びっしりルールが書いてあります。

食物規制は主に、食材についての禁止のルール。動物が、食べてよいもの／食べてはいけないもの、に分かれています。中間はない。こんなにうるさいルールがあったら念のため、食べてよいものだけを食べ、それ以外のものはいっさい食べない、という態度になりますよね。

　なお、植物については、禁止ルールがないので、なんでも食べてよろしい。

＊

　ユダヤ教徒が食べてよい、ユダヤ教純正食品を、コシャー（kosher）といいます。アメリカのスーパーに行くと、いろいろな食品に、コシャーの表示がしてある。ユダヤ教徒も安心して食べられますよ、という目印ですね。

　キッコーマンの醬油《しょうゆ》の瓶に、コシャーと書いてあった。大豆製品なのに、なんでだろうと思って、詳しいひとに聞いてみたら、醬油をおいしくするために、イカの内臓みたいなものを混ぜる場合があるんですって。イカは、ひれもうろこもないから、食べてはいけない。そういうことがありません、という製法の証明であるらしい。

　イスラム教の場合も、クルアーンにもとづいて、やはり詳細な食物規制が定められている。イスラム教徒が食べてよい、イスラム教純正食品を、ハラール（halal）といいます。イスラム教は、いくつもの法学派に分かれているので、自分の属する法学派のルールに従うことになっています。

＊

食物規制は、なんのためにあるのでしょう。

食物規制があると、気軽にレストランに入るわけには行かない。帰宅して、家族や親族と一緒に食事をすることになります。

異教徒と一緒に、食事ができない。異教徒と友だちになれない。異教徒と恋人になれないし、結婚もできない。そこで、同じ信仰をもつ者同士が夫婦になり、子どもを信仰にもとづいて教育する。そこで、つぎの世代になっても、五世代、十世代あとになっても、何千年経っても、信仰共同体が再生産されるのです。

以上は、社会学的な分析。信仰をもつ人びとは、そんなことと関係なく、モーセの律法に書いてあるから、クルアーンに書いてあるから、食物規制をはじめとする宗教法を守るのは当たり前でしょ、と思っている。

＊

ところで、日本人は明治になるまで、長いあいだ、四つ足といって、動物の肉を食べませんでした。これも、食物規制の一種だと考えられないことはない。

けれども、意味合いが異なった。第一に、聖典に書いてあるわけではなく、根拠があいまいだった。第二に、日本人全体がこのルールに従ったので、信仰を持つ人びと／持たない人びとを区別する、という機能を持たなかった。第三に、明治になると、政府の行政指導によって、あっという間に雲散霧消してしまった。おそらくもともと、政府の行政指導によって始まった、ルールにすぎなかったからでしょう。

創造主／被造物

天地創造に、話を戻しましょう。

Ｇｏｄは、天地を創造した、創造主である。これは、一神教の出発点です。この大前提を、ゆるがせにしてはならない。

創世記を読むと、荒唐無稽《こうとうむけい》なことが書いてある。この科学の時代に、こんなことをよくも信じることができるなあ。そんな感想しか持たないで、テキストを斜め読みしたのでは、聖書を読んだことにはまるでなりません。

いちばん大事なポイントは、Ｇｏｄが人間を「造った」ということ。Ｇｏｄと人間の関係が、そのように設定されているという点です。

＊

Ｇｏｄが人間を造った。

Ｇｏｄから見て、人間はモノのようである。あるいは、ロボットである。製造物には、製造者の支配権（所有権）が及びます。創造主は、被造物に対して、自由処分権を有する。平たく言えば、人間を、煮て喰《く》おうと焼いて喰おうと勝手。自分の命令を聞かせることができるのです。

なんと強引な、と思うかもしれない。しかしこれが、まず、一神教の基本中の基本。やがてＧｏｄは、人間のためを思い人間を愛する優しい存在という面も見せるのですが、それはまたあとの話です。

Ｇｏｄの造ったロボットが人間だとすれば、ロボットが言うことを聞かなければ、Ｇｏｄは怒ります。Ｇｏｄの言うことを聞かないのが、罪です。Ｇｏｄに造られたという分際をわきまえず、Ｇｏｄを忘れて、自分勝手に行動するのも、罪です。Ｇｏｄを唯一の神とあがめ、しおらしく日々感謝して過ごすのが正しい。

＊

Ｇｏｄは、人間に対してばかりでなく、動物や、植物や、世界に対しても、絶対の権力

（支配権）をもっている。

このＧｏｄの権力を、神の「主権」（sovereignty）といいます。人格をもつ（≒人間のような）Ｇｏｄが、この世界を支配している。Ｇｏｄは、なんでも知っているし（全知）、なんでもできる（全能）。このような前提に立って、ものごとをみるのが、一神教を信じるということです。

「主権」は、日本では憲法の時間に習いますね。立法権や司法権や行政権を含む、万能の権限のこと。これを国民がもっているというのですが、もとは君主の権限だった。もっとさかのぼれば、神の権限だった。君主はその権限を委任されただけです（王権神授《しんじゅ》説）。ともかくＧｏｄは、主。主とは、奴隷の主人という意味である。人間は、僕《しもべ》。僕とは、奴隷という意味である。このような絶対的上下関係から、すべてが始まります。

＊

人間以外の動物も、植物も、無機物も、被造物。被造物はすべて、自然です。自然（nature）とは、「神の造ったそのまま」という意味。人間の手が及んでいません。

被造物のなかにも、序列があります。鼻で息をする動物は、人間と同様に、Ｇｏｄから「生命」（＝神の息吹）を与えられている。生命は、神のもの。それを神に返すと、身体は土くれに戻る。つぎに、水中の動物。息をしていないので、別の種類です。植物は、創造のとき種をもったものとして造られているので、自動的に殖えていく。（雌雄の生殖によって殖えるのではない。）動物は、神の命令（本能）によって動いているので、神に背くことができない。よって、罪がない。植物も、神に背くことがない。無機物（天体や大地）は、モノ。神の命令のとおりに、自然法則（＝神の命令）に従って、機械的に動いている。もちろん、神に背くことはできない。神に背く可能性があるのは、人間だけです。

＊

Ｇｏｄの主権と、自然法則との関係を、どう理解すればよいでしょう。

人間にとっては、自然法則は絶対で、動かすことができない。自然法則は客観的で、絶対である。（ゆえに、自然科学が成立する。）

でもＧｏｄにとっては、自然法則は絶対ではなく、主権が優先します。いいですか。Ｇｏｄは、全能だから。そこで、Ｇｏｄはいつでも好きなときに、自然法則を停止できます。これを、奇蹟《きせき》（miracle）という。奇蹟は、自然法則を上回る、Ｇｏｄの主権の表われです。

奇蹟は、神の権威を表すものなので、預言者が預言者であることの証明になります。これは自分が送った預言者ですよと、Ｇｏｄが、保証する。モーセが投げ出した杖《つえ》は、ファラオの前で蛇となった。そのほかモーセは、数々の奇蹟を行なった。

イエスもまた、数々の奇蹟を行なった。イエスは神の子、つまり神本人なので、預言者ではない。けれどももちろん、神の権威をそなえているから、奇蹟を行なうのは朝飯前です。

造る／生む

一神教の、Ｇｏｄが人間を「造る」という考えの特徴を、神道と対比してみましょう。

神道では、カミが人間を「生む」と考えます。

＊

「造る」と「生む」。まず、似ている点。

ものごとの始まりを、説明している。「造る」も「生む」も、なにごとかが存在するようになる始まりを説明しています。だから、創世記は、古事記・日本書紀の国産みの話と似たようなストーリーだなあという印象をもつかもしれない。

でもそれでは、表面をかすっただけにしかなりません。

＊

「造る」と「生む」の、異なる点。

「生む」は、すべての生き物が行なう営み。その本質は、コピー。同じものを、もうひとつ存在させることです。元になる存在を、親といい、新しくできた存在を、子という。親は子よりも、はじめは優位だけれど、子はだんだん成長し、親は年をとる。そのうち力関係が逆転し、親が子に依存するようになるかもしれない。要するに、親と子のどちらが優位であるかは、状況によるのです。

「生む」は、コピーなのだから、生むものと生まれるものは、同質。対等。神と人間の関係を「生む」でとらえるとは、神と人間を、同質で対等なもの（仲間）と考えることなのです。

その証拠に、神道の祭りは、神といっしょに食事をしたり酒を飲んだり、ダンスを見たりする。神とつきあう方法と人間を接待する方法が、共通でしょう？

このように、神と人間を「対等」と考えるのが神道ですが、これこそ、一神教がもっともいけないとする考え方なのです。

＊

これに対して「造る」は、意図的な行為です。「造る」プロセスは、意識的で、コントロールされている。「生む」ほうは自然現象で、生む当人もそのプロセスをコントロールできません。それと対照的です。

「造る」場合には、思ったとおりのものを存在させる。よって、すべての存在には、理由がある。「生む」場合のように思ってもいないものができてしまう、ことはありません。

造るものと造られるもののあいだには、血のつながりがない。似ていなくて当然です。わざわざ「似せて造った」場合に限って、なにか共通点がみつかるかもしれない。

造るものは、造られるものを支配する。圧倒的な立場の差がある。こういう前提に立ちますよ、と宣言するのが、創世記の意味です。クルアーンに、創世記にあたる部分はありませんが、旧約聖書からの引用が多い。アッラーは、この世界の創造者だと宣言する。創世記は当然の前提になっているのです。

終末

世界はＧｏｄの意思によって、存在している。

この事実を認める。するとそれが、広い意味での「奇蹟」です。世界が存在するのも、あなたが存在するのも、奇蹟。理解できない、ありえないはずのことが起こっている。なにかがそのように存在する理由を、人間はのべることができません。

＊

世界が、Ｇｏｄの意思によって存在するようになったのなら、世界は、Ｇｏｄの意思によって、存在しなくなる。これは、当然。同じメダルの表裏です。

世界に、終わりの時が来て、世界が存在しなくなることを、「終末」といいます。英語では、eschatology という。

日本人は、「創造」(Creation) について、聞いたことがある程度で、あまり馴染みがない。まして「終末」は、あんまり聞いたことがないかもしれない。

この世界が、終わる。それは、人間ひとり残らずはもちろん、動物も植物も、山も川も海も、太陽も月も星も、目にみえ経験できるすべての世界が、存在しなくなるということです。日本人もがんばれば、それを考えてみることはできるかもしれないが、名前をつけて概念化したりできない。なぜなら、なにかが終わることを概念化するためには、それでも終わらないものに立脚しないといけないから。

一神教は、世界が終わっても、Ｇｏｄは存在し続ける、と考える。世界は、Ｇｏｄが造ったのだから。よって、世界が終わると考えることができるのです。

日本人は、山も川も海も、自然はみなそこにあり続けるもので、終末を迎えたりしないと信じている。けれども、Ｇｏｄの目からみれば、自然は自分が造った、いわばジオラマのようなもの。製造したものだから、耐用年数があって当然なのです。

＊

小学生が、夏休みの宿題でジオラマをつくった。山や川や森をつくり、山を絵の具で緑にぬり、羊を置いたり家を置いたり、人を置いたりします。出来上がり。気に入って、しばらく飾っておきます。

でもそのうち、紙粘土がひび割れてくる。ほこりだらけになる。変な臭いもしてくる。どうしますか。ゴミ箱に捨ててしまいますね。これが終末です。

ジオラマに置いてあった人が、ちょっと待って、ゴミ箱に捨てないでください、と言ったらどうしよう。捨てないで、大事に飾っておくのが、救いです。やっぱりゴミ箱に捨ててしまえば、破滅です。どちらになるかは、主人の一存です。ちなみに、動物や、山や川は救いの余地なく、一律にゴミ箱に捨てられることになっている。

＊

ユダヤ教は、終末があるのかどうか、はっきりしない。「主の日」といって、ヤハウェが地上に直接介入し、正義を実現する日がやってくる、という信仰があった。でもその日には、山や川や農地や人間はそのままで、破壊されたりしません。

キリスト教は、終末がやがてやって来ると、はっきり信じています。その日には、イエス・キリストが天から雲に乗り、天使の軍勢を率いてやってくる。地上は大混乱に陥り、正義が実現し、人びとは審《さば》かれ、救われて神の王国に入るか、それとも、永遠の炎で焼かれるかが決まる。

イスラム教も、終末がやってくると、信じています。クルアーンの冒頭で、アッラーは自分を、「審きの日の主宰者」と宣言している。

一神教の大部分を占めるキリスト教徒とイスラム教徒四〇億人が、終末を信じているのです（図2―4）。

＊

では、終末はいつ、やってくるのか。

新約聖書にも、クルアーンにも、はっきり書いてありません。新約聖書のパウロの手紙

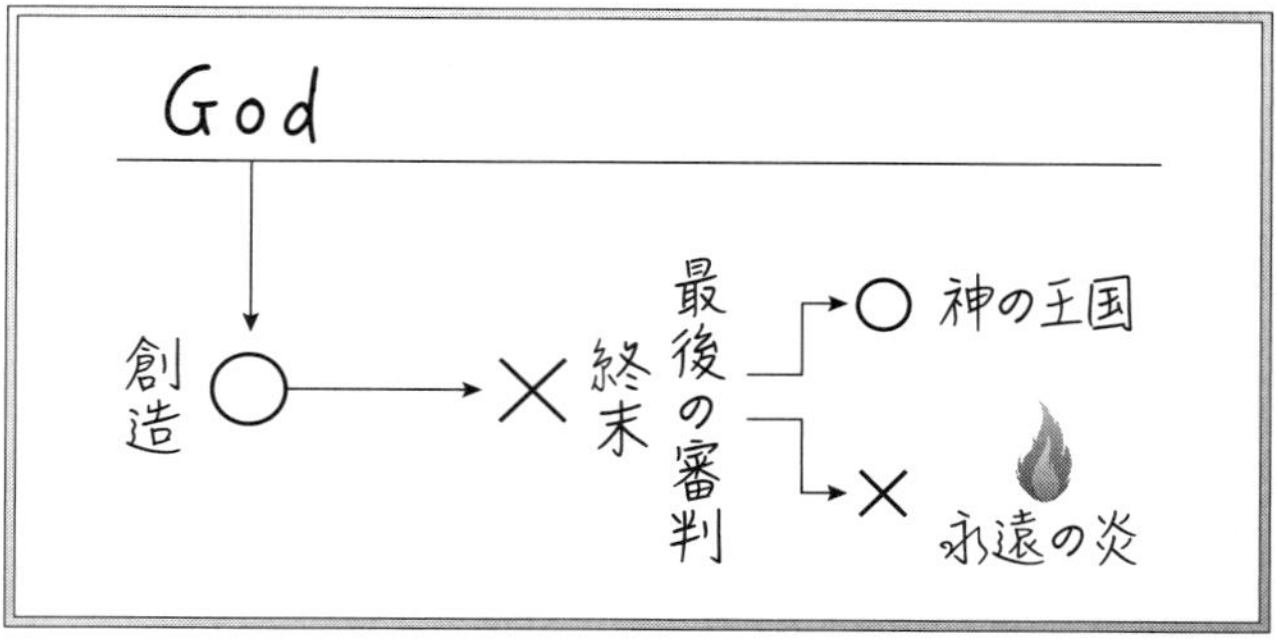

図2–4　創造と終末

には、「すぐそこまで来ている」と書いてある。遅くてもあと一〇年か二〇年、という感じです。

でももう、二〇〇〇年も経ってしまった。

終末がいつかは、Ｇｏｄが知っていればよく、人間が知ることはできないし、説明する義務もない。「何年何月に世界が終わる」と主張するグループがときどきあるが、怪しい新興宗教です。

*

終末について考えなれている彼らキリスト教文明の人びとは、ビジネスにもそれがにじみ出る。将来に、目標や締め切りを設定し、そこからカウントダウンして、いま何をやればよいかを決める。数値目標を決め、タイムテーブルをつくる。これが、経営者がやっていることですが、キリスト教の行動パターンを世俗化しただけ。教会では、きちんと帳簿《ちょうぼ》をつけ、会衆《かいしゅう》に収支を報告する。遊休《ゆうきゅう》資産があってはいけない。いつ終末が来てもよいように、準備をしていない証拠だから。会衆を、株主に置き換えると、株主総会そっくりです。

そんな彼らと付き合うのに、キリスト教のディテールをしっかり知っておくことは、決して無駄になりません。

最後の審判

世界が終末を迎える際の様子は、新約聖書のヨハネ黙示録に、詳しく書いてあります。終末のとき、最後の審判が開かれる。審判とは、裁判のこと。

裁判であるからには、裁判の形式がそなわっています。裁くのは、神（あるいは、神の子イエス・キリスト）。裁かれるのは、人間。人間は、一人ひとりばらばらに、個人として裁かれる。誰もが自分の罪で裁かれ、ほかの誰かの責任は負わなくてよろしい。一神教が個人主義である理由は、この、個人単位の裁判にもとづいています。罪状は、神に背いた罪。

判決は、救い（神の王国に入る）か、破滅（永遠の炎で焼かれる）。

イスラム教の場合、裁判では天使が書記の役目をつとめ、誰それは何月何日、こういう行動をしました、と記録のメモを読み上げることになっている。

＊

最後の審判を、受けるのは誰か。キリスト教徒、イスラム教徒だけでしょうか。

皆さんは、洗礼を受けていないし、ムスリムでもないとすれば、審判は受けないでいいのか。

いいえ。すべての人類が、審判を受けます。なぜなら、人類は残らず、Ｇｏｄに造られたものだから。信仰の有無にかかわらず、人間は全員、Ｇｏｄの支配下にある僕なのです。

もちろん日本人も、全員、最後の審判で裁かれる。

自分は一神教を信じていないので、最後の審判は関係ないさ、と油断している日本人が多いようなので、注意しよう。

＊

じゃあ、世界が終末する前に、死んでしまった人間は、最後の審判を受けるのかどうか。

最後の審判を、受けます。もちろん。これまでに生まれた人間は、全員。死んだら、復活して、裁判を受ける。

復活（Resurrection）とは、死んだあと、もう一度もとの自分に生まれること。身体は新しく、Ｇｏｄに造ってもらう。でも本人の人格は、そのままで、自分に生まれたという自覚がある。記憶もある。

復活は、日本人にはハードルが高くて、理解しにくい考え方のようです。でも、復活を信じなければ、キリスト教、イスラム教は成り立ちません。

＊

日本人は、裁判を嫌だと思う人びとなので、最後の審判と聞くと、いじめの一種だと感じてしまう。

その反対に、裁判を受けるのは、人間の特権（よいこと）なのです。特権だから、喜ばなければならない。

そもそも人間以外の動物や植物や、山や川は、無条件に、生ゴミとして、片づけられてしまう。終末を乗り越えてなお、Ｇｏｄとともに在《あ》ることができない。ところが人間だけは、Ｇｏｄに赦され、神の王国に入るチャンスが与えられている。Ｇｏｄといえども、裁判によらなければ、人間を滅ぼすことができないのです。裁判は、正義が実現する、大事な機会です。

裁判の結果は、救われる／救われない、のどちらか。では、誰が救われ、誰が救われないのか。その規準はなにか。

誰が救われて、誰が救われないか。それは、Ｇｏｄが知っていればよく、人間にはわからない。判決のときになればわかります。

＊

では、救われるために、人間になにかできることがあるか。たとえば、よい行ないをする、教会に寄付をする、悔い改めて祈りの生活を送る、みたいな。

できることは、何もありません。人間の言動は、人間のわざ。救いは神のわざであって、人間にできることは何もない。このように考え、首を洗ってまっているのが正しい。

Ｇｏｄが人間の様子を観察して、手心《てごころ》を加えたり、判決を変えたりすることはないのでしょうか。

もしもこういうことがあると、人間のわざが原因で、神の救いがそれに左右されることになってしまいます。一神教の考えに、なじまない。そこで、宗教改革のあと出てきたプロテスタントの神学者ジャン・カルヴァンは、救済予定説を考えた。救済予定（redestination）とは、天地創造のはじめから、誰が救われ、誰が救われないか、神が予定していた、という考え方です。

救済予定説は、まるで、試験をやる前、いや、新学期の授業が始まる前からもう、学期末の成績（合格／不合格）が決まっているような話で、なんとも理不尽に思える。けれども、Ｇｏｄは全知全能だから、このように考えたほうがむしろ一貫しているのです。

＊

キリスト教は、人間に原罪があると考える。人間は誰でも、どうしようもなく罪深いので、救われなくて当然。一人残らず、永遠の炎で焼かれても、文句は言えない。けれども、イエス・キリストが、人類の罪を背負って、十字架で死に、罪を贖《あがな》った。人類の罪を、チャラにしてくれた。よって、最後の審判で救われる可能性も、大いにある。じゃあ、どちらなのか。実際のところ、救われるのか救われないのかは、神の自由裁量だと考えられるのです。

＊

最後の審判のときに、横から口を挟み、○○さんを救ってやってくれませんか、と頼むことを、「執《と》り成し」という。口添《くちぞ》えのことですね。

カトリック教会は、イエス・キリストから「天国の鍵」を預かっているので、執り成しができるとしています。代々の教皇は執り成しができるし、彼が任命した聖職者たちも執り成しができる。教会で罪を告白すれば、赦しをえられるのだ。

プロテスタントは、カトリック教会が執り成しの権限を持っているとは認めない。教会は人間の集まりにすぎない。執り成しができるのは、イエス・キリストだけだ、と考えます。

イスラム教には、執り成しの考え方がありません。アッラーは、慈悲深く恵み深く、この世で幸せに暮らせるようにイスラム法を、来世で幸せに暮らせるように緑園《りょくえん》を、用意してくれた。では、最後の審判で救われるかどうか。アッラーは、人間のわざ（イスラム法に従って暮らしたこと）を大いに評価するが、信仰をもっと評価する。そして、どうしても救われたければ、交渉の余地もありそうです。

＊

救われないひとが、永遠の炎で、永遠に焼かれるのは、いくらなんでも苦しすぎないでしょうか。

炎に焼かれると、ふつうすぐ死んでしまうけれども、最後の審判のあと、人間はもう死なない。永遠に焼かれて苦しみます。クルアーンにはもっと具体的に書いてある。炎に焼かれて皮膚が黒こげになってめくれ上がると、アッラーの力で、新しい皮膚がまた生《は》えてくる。それがまた黒こげになり、……を繰り返すのだと。毎回、とても痛そうです。

「永遠の炎」という名前の火で、一瞬焼かれるだけだから、あんまり痛くないのでは、という説も唱えられました。

でも、常識で考えれば、永遠の炎で焼かれるとは、永遠に炎で焼かれること。一瞬焼かれるだけ、という解釈はちと苦しい。

アドベンチスト教会は、救われないひとは、永遠の炎で焼かれるのではなく、ちょっと刑を受けたあとかき消えて、端的に存在しなくなってしまう、とする。罪人に優しい考え方だと思うが、聖書に根拠があるのか疑わしい。

復活

復活（Resurrection）。

キリスト教とイスラム教の中核になる考え方です。でも、理解するのに、それなりに敷居が高い。死んだひとが、生き返るのですよ。信じられます？

イエス・キリストは、復活しました。福音書にそう、書いてある。復活した人間は、イエス・キリストが最初です。

ユダヤ教は最初、復活の考え方はなかった。けれど、イエスの時代までに、復活を信じる人びとも多くなった。Ｇｏｄは何でもできるので、人間を復活させることもできるのです。

イエスより前に、天に上げられて、永遠の命をえたと信じられていた人物も、いないことはなかった。預言者エリヤ。火の車が現れて、弟子の見ている前で、天に昇って行った。そのあと死んだとは書いてないので、天で生きていると考えられる。預言者モーセ。山奥で死んだあと、神が葬ったと申命記に書いてある。墓が見つからないので、死んでいなくて、ヤハウェが天に上げたのであろうと、信じられるようになった。でも、エリヤもモーセも、「死んだあと復活した」のではありません。

＊

イエスは、十字架の上で死んだ。ローマの兵士が槍《やり》で脇を突き刺すと、血と水が出た。死んだ証拠だ。そのあと、葬られた。確かに死んだものが、三日目に復活した。そして、弟子たちのところに現れた。語りかけ、魚を食べた。そして、皆の見ているまえで、天に昇った。

人間はもともと、罪のために死ぬ運命になった。エデンの園を追放されたときのことです。イエス・キリストは、その罪を贖い復活し、永遠の命をえた。いまは天で生きており、父なる神の右隣の座に座っている。やがて、そこから再びやって来て（再臨）、「生きている者と死んだ者を裁く」ことになっています。

イエスが復活したように、終末のとき、すべての死者は復活する。

＊

復活と輪廻《りんね》は、違うことなので、確認しておきましょう。

復活は、ただ一度、復活する。輪廻は、何度でも生まれる。

復活は、自分に復活する。輪廻は、自分ではない誰かに、生まれる。人間でさえないかもしれない。ニワトリやゲジゲジに生まれることもある。

復活は、自分に復活した自覚がある。まえの人生を、覚えている。輪廻は、まえの人生（前世）の記憶がない。それなら、輪廻している証拠がない。

輪廻は、ヒンドゥー教に特有の考え方です。仏教にも入り込み、仏教を通して、日本にも伝わっている。復活はこれと、まったく違った考え方なのです。

＊

復活と輪廻の考え方にあえて共通点を探せば、「死者の国」などないとする点です。輪廻に、死者の国はない。なぜなら、死んだ人間は、しばらくすると、またこの世に生まれて来てしまうのだから。よって、死者の吹き溜まりである死者の国は存在しない。復活に、死者の国はない。人間がいつ生まれるか、いつ死ぬかを管理するのは、Ｇｏｄである。死者のことを覚え、死者の精神（霊）を管理するのも、Ｇｏｄである。死者を復活させるのも、Ｇｏｄである。Ｇｏｄは生きている。Ｇｏｄは、生きている者たちの神であり、死者の神ではない。死者は、端的に、存在しない。

死者がなんとなく、霊魂としてその辺りに漂い、お盆などの機会に死者の国から帰ってくる、と考えている日本人と、とても違った考え方である点に注意しましょう。

イエス・キリスト

一神教のうち、ユダヤ教とイスラム教は、似通っている。それに対して、キリスト教は異なっている。イエス・キリストが存在するから、です。

「イエス・キリスト」とは、なんでしょう。

これが説明できないと、キリスト教のことがわかったとは言えません。

イエスは、ガリラヤ地方（エルサレムよりずっと北方の田舎）の、ナザレという村に生まれた。父はヨセフ、母はマリア。父は大工で、イエスも大工をしていたらしい。二九歳のころ村を出て、洗礼者ヨハネの集団に加わり、そのあと自分で教えを説き始める。およそ三年ほど、ガリラヤ地方を中心に、弟子を連れて旅をし、教えを説き、数々の奇蹟を行なった。エルサレムを訪れ、逮捕され、裁判を受け、ローマ総督ピラトの手で十字架につけられた。――ナザレのイエスについてわかっていることは、福音書に書いてあることがほぼすべてです。

イエスの行動をみると、ほぼ、預言者です。人びともイエスを、預言者だと考えていた。福音書でイエスが、人びとは自分のことを何と呼んでいるかと、弟子のペテロに聞く箇所がある。人びとは、エリヤの再来だと言っていますよ。預言者だと思われていたのです。イエスは、ユダヤ人で、ユダヤ教徒。今日の聖書学では、イエスをユダヤ教の改革者ととらえるのが主流で、イエスのグループを「ナザレ派」と呼んだりします。

イスラム教は、イエスを、アッラーの預言者だとします。クルアーンには「マリアの子イエス」のことが、あちこちに書いてある。

そのイエスを、キリストで、神の子であると考えるのが、キリスト教です。

＊

「キリスト」は、救い主のこと。これについては、すでに説明しました。

「神の子」は、神の子ども。神の子という考え方は、ユダヤ教になかった。それまでになかった、新しい考えです。まず、イエスが復活したことが唱えられ、なぜ復活したか↓神の子だから、という順序で信じられるようになったのではないか。

イエスは神を、「アッバ」（父）と呼んでいる。旧約聖書の用例をみると、実際の父を呼ぶほかに、尊敬する師を呼ぶ場合があります。神を父と呼んだからと言って、神の子であることにはならないはずです。しかし、神を父と呼ぶ↓神の子である、という推論が定着したのかもしれない。

神の子は、人間ではなく、あくまでも神です。父なる神の権限を、代わって行使できる。キリスト教にとって、イエスが神の子であることは、外せない大事な核である。

＊

イエスが、神の子の権威をもつことが、なぜ本質的なのでしょう。

第一に、そうでなければ、イエス・キリストが、人類の罪を贖ったことにならない。父なる神（God）が、人類を救うために、自分のひとり息子を地上に送って人間とした。イエスは、どこから見ても人間ですが、その実体は、神（の子）なのです。そのイエスが犠牲になることで、引き換えに、人類の罪が贖われた、という論理になっている。

第二に、神の子でないなら、イエス・キリストが、人びとをモーセの律法（旧約）から解き放ち、新しい契約（新約）のもとに導くことができない。イエスが神の子であるからこそ、モーセの契約は、新しい神との契約に書き換えられ、キリスト教が基礎づけられることになったのです。

*

神との契約、ならびにその契約の更改《こうかい》について、少し説明しましょう。

神は、預言者を送って、契約を結ぶ。人間は、この契約をありがたく受け取るべきで、人間が言い出して、契約を更改することはできない。

けれども、預言者は、つぎつぎ何人もやってくる。新しい預言者が、新しい契約をもたらすことはありうる。神の側から言い出して、契約を更改することは可能なのです。これは一般論。

ユダヤ教は、モーセの契約にもとづく。モーセに続く預言者は、モーセの契約を正しく履行《りこう》することを人びとに求め、違反を糾弾《きゅうだん》するために遣わされる。あるいは、複雑な国際情勢のなかで、どのように行動すれば、神の意思に従うことになるのか、教えるために遣わされる。ユダヤ教の預言者は、モーセの律法の枠を外れない。

イスラム教は、ムハンマドの啓示にもとづく。ムハンマドのもたらしたクルアーンは、ムハンマドの契約である。ムハンマドは「最後」の預言者なので、この契約が更改されることはありません。

これに対してキリスト教は、律法を完成すると称して、モーセの律法をなしにしてしまいました。割礼はなしでよい。食物規制もなしでよい。イエスのファンになったパリサイ人が聞いた。あれだけたくさんあるモーセの律法の、どれが大事なのでしょう。イエスは答えた。第一に、あなたの主である神を愛しなさい。第二に、あなたの隣人を、あなた自身のように愛しなさい。この二つが、律法の基本である。イエスは、数あるモーセの律法を、たった二カ条に、縮約《しゅくやく》してしまいました。（ちなみに、第一も、第二も、旧約聖書からの引用です。）

ひとは、モーセの律法に従うことでなしに、イエスを救い主（キリスト）として信じ、神の子とあがめることで、救われる。このように考えるのが、神との新しい契約（新約）です。イエスが神の子の権威をもっているのでなければ、このように契約が更改されたと考えることはできません。

聖霊

もうひとつ、イエス・キリストに加えて聖霊も、キリスト教に特有のものです。

聖霊（Holy Spirit, Holy Ghost）は、使徒言行録に登場する。イエスが昇天したあと、弟子たちが部屋に閉じこもっていると、赤い舌のようなものが現れた。弟子たちは、知らないはずの外国語（異言《いげん》）を話すなど、集団催眠のような状態になった。

聖霊は、天に昇って不在となったイエス・キリストの代わりに、やってくるもの。イエスが再臨する終末の日まで、人びとの信仰を強め励ます働きをする。電波のように、至るところに満ち満ちています。その特徴をまとめてみると、

(1)ひとつだけである……聖霊は、いくつもあるのでなく、ただひとつ。各人が受けるとしても、同じ聖霊です。

(2)縦方向の作用である……聖霊は、父なる神とイエス・キリストの両方から出ることになっている。いずれにせよ、神から出て人間に下るのであって、人から出るこ

とはありません。

（3）人間だけに働く……聖霊は、人間の精神作用そのものでもある。動物には精神がないので、聖霊は働きません。

パウロが預言者でないのに、書簡で神の言葉を書くことができるのは、聖霊を受けたからです。預言者は、特別な人間で、神の言葉を聞いた。それに対して、聖霊は、信仰をもつすべての人びとに働くと考えられています。

＊

ユダヤ教は、聖霊の考えがありません。キリスト教は、聖霊の考えがあります。そこでキリスト教は、聖霊の存在を前提にして、旧約聖書（ユダヤ教のヘブライ語聖書）を読むことになります。

旧約聖書で霊にあたるのは、風、息吹、生命を意味する「ルーアッハ」なる概念。創世記の冒頭、「水の面を神の霊が動いていた」のように聖書に訳してあるのは、もともと「水の面を神の風が吹き荒れていた」という意味です。旧約聖書でルーアッハは、（動物の）命の意味であることが多い。ルーアッハは、聖霊とは関係ない。それを（聖）霊と訳すと、おかしなことになります。命（ルーアッハ）は、鼻で息をするすべての動物に、神が与える。

精神作用の意味はありません。いっぽう聖霊は、人間だけに、神が与える。精神作用の意味がある。これを無理やり、こじつけて解釈するのが、キリスト教の聖書読解なんです。

＊

聖霊は、使徒言行録に書いてあるのだから、実在すると考えるしかない。では、その正体はなにか。多くの教父たちが頭をひねった結果、父なる神、子なるイエス・キリストと同等の、もうひとつの神の位格《いかく》（表われ）だ、ということになった。ここから、三位一体《さんみいったい》説が生まれてきます。

三位一体説は、聖書のなかにそう書いてあるわけではない。そう考えることもできる、という解釈にすぎません。

ところが、キリスト教は、三位一体説が正しいと、会議を開いて決めてしまった。この会議を、公会議といいます。公会議なるものがあるのが、キリスト教の特徴です。

公会議

公会議は、ローマ帝国時代のキリスト教会に始まった制度で、キリスト教の最高意思決定機関です。

各地に散らばった教会の指導者（主教）が、はるばる旅して一カ所に集まり、会議を開く。特に、聖書の解釈が違ったり、神学の食い違いが起こったりした場合は、時間をかけて徹底的に議論する。それでも溝《みぞ》が埋まらない場合には、異端を宣告して、少数派を追い払ってしまう。何が正しいキリスト教であるのか、会議を開いて決めるというやり方が、公会議です。三位一体説も、公会議で議決されました。

会議は、人間の集まりにすぎない。Ｇｏｄにのみ従う一神教が、公会議などというものを開いて、神についての大事なことがらを決めて、よいのでしょうか。

決めてよい。なぜなら、会議の場には、聖霊がはたらくことになっているから。人間が信仰をもつのがそもそも、聖霊の働きです。その人間が集まった教会にも、聖霊がはたらく。信仰の問題を解決するため、教会の代表が集まって会議を開くのだが、その決定は、やはり聖霊のはたらきによるもの。つまり、人間が決めたのではなく、Ｇｏｄが決めたことになるからです。

＊

ユダヤ教やイスラム教に、こうした考え方や制度がない。信仰に関する基本的なことがらを、人間が決めることはできない、と考える。彼らに言わせると、キリスト教の公会議のやり方は、とんでもない、これが一神教か、ということになります。

宗教改革が起こって、プロテスタントが、カトリック教会を離れた。プロテスタントの教会の多くは、それでも、三位一体説をはじめとする公会議の決定を尊重した。公会議の決定が、キリスト教の骨格をかたちづくったことがわかります。

イスラム法学

キリスト教の公会議のやり方と、正反対なのが、イスラム教の法学です。

イスラム法学の基本は、「人間の解釈をさし挟まないこと」です。

イスラム教徒は、アッラーに従う。アッラーの言葉である、クルアーンに従う。クルアーンは、イスラム法の最高の法源である。

しかしクルアーンは、詩のような美しい文章で書かれている。法律のような、条文のかたちで書かれていない。そして、実生活にあてはめようとすると、あちこちに「穴」がみつかる。クルアーンのなかに、あてはまる規定がみつからないことがらが多い。

そこで、クルアーンを補足する、第二法源が必要になる。それが、スンナです。

スンナは、預言者ムハンマドの、言動についての伝承（ハディース）のこと。預言者ムハンマドは、イスラム共同体（ウンマ）を指導した。軍司令官であり、統治者だった。そして、裁判官でもあった。ムハンマドは、アッラーの霊に満たされつつ、さまざまなケースの法判断を行なった。同じケースでは、ムハンマドと同じように判断するのが正しいであろう。ムハンマドの判断に従うことは、人間の解釈を排除して、アッラーに従うことである、と考えるのです。

ムハンマドにはたらいた霊は、聖霊と違って、ほかの人びとにははたらかない点に注意しましょう。

*

ムハンマドの言動は、数々の口誦《こうしょう》伝承として伝えられていた。そのうち、信頼できる証人による信頼できる伝承をまとめた、ハディース集が何冊も編集されています。ムハンマドは、アッラーの霊に導かれているので、誤らない。イスラム法学者は、これらハディースに通暁《つうぎょう》し、それにもとづいてイスラム法を適用することを任務としています。

クルアーンでもハディースでも判断できないケースでは、第三、第四の法源を用いる。これらも、人間の解釈（判断）を排除する原則で、運用されています。

こうして、イスラム法に従う共同体が、地上に構成されます。人間が集まり、なにか本質的なことを決定する余波はありません。

＊

ムハンマドが死ぬと、その権限を継承することができない。

これがイスラム教の、悩ましい点です。

ムハンマドは、「最後」の預言者なので、預言者の権威を継承する者はいない。神の言葉として、クルアーンだけが書物のかたちで残されている。

裁判官としてのムハンマドの判例は、ハディースとして伝えられている。法学者はそれを適用するだけで、解釈はしない。法学者の下す法判断は、権威をもつ判例となったりしない。

この点が、英米法と異なります。

軍指揮官（統治者）としての権威は、カリフが継承した。カリフの権力は、世俗の権力。最初は、合議《ごうぎ》（選挙）で選び、あとでは血縁で継承した。その継承も途絶えてしまった。

イスラム世界には、正統な統治権力者が存在できないのです。あれこれの王が「イスラムの守護者」を名乗って、しばらく統治するが、やがて権力を失う。この繰り返しです。

教会が存在しないから。さらにさかのぼって言えば、聖霊が存在しないから。


ここまでで、一神教の概略をのべてきました。

皆さん、よーっく、腹のそこまでしみわたるようにわかりましたか？

ジョンは存在すべきである

一神教の信仰とは、どのようなものか。おさらいをかねて、「神の主権」のもとにある、ひとりの人間（ジョンとする）の人生を考えてみます。

＊

ジョンは、一八〇〇年に生まれ、一八九〇年に死んだ。ロンドンで暮らしていた。

さて、ジョンはなぜ、一八〇〇年に生まれたのだろう。

それは、Ｇｏｄが、「ジョン、君は存在しなさい」と、決めたから。両親の気まぐれで生まれたわけではない。ジョンは存在すべきである。Ｇｏｄがそう考えて、ジョンをこの世に送り出した。ジョンが存在することは正しい。

一人ひとりの人間が、アダムがかつて造られたのと同様に、Ｇｏｄの手で造られた、と考えるのです。

では、ジョンが思春期になって、自分はなぜ存在するかについて考え、感謝するとすれば、誰に感謝すればよいでしょうか。両親ではない。Ｇｏｄに感謝しなければならない。

ではジョンは、なぜ、一八九〇年に死んだのだろうか。

それは、Ｇｏｄが、「ジョン、君は死になさい」と、決めたから。九〇歳が、ジョンの寿命だった。それを人間が、長くすることはできない。短くしてもいけない。九〇年のあいだ、心臓を動かし続け、交通事故にも遭《あ》わず、ジョンの生命を維持したのは、Ｇｏｄである。ジョンの人生はＧｏｄの恵みである。よって、Ｇｏｄに感謝しつつ、日々を過ごすのが正しいのです。

＊

ジョンは、世界にひとりしかいない、かけがえのない個性である。だから「ジョン」という、固有名を与えられている。ジョンだけではない。リチャードもメアリーも、みな、Ｇｏｄに「存在しなさい」と命じられて、生きているのですね。

ちなみに、欧米の職場では、「ジョン」「メアリー」のように、ファースト・ネームで呼び合います。ファミリー・ネームは何だっけ、と思い出せないひともいる。それは、人間個人を指し示すのは、固有名であるべきだという、一神教の考えによるのです。イエ制度が母体になって、苗字（家族名）でお互いを識別する日本とは、そもそも人間関係の土台が違っている。

＊

ところで、「ジョン、君は存在しなさい」と、Ｇｏｄはいつ思ったのだろう。

ジョンが生まれる直前ですか？

いやいや。Ｇｏｄは全知全能。Ｇｏｄが知らないうちに、何かが起こることはない。天地創造のはじめに、ジョンが一八〇〇年に生まれることは決まっていた、と考えなければならない。

人間は、時間のうちにいます。だから、あとから起こることがずっと昔に決まっていたのは不思議に思える。しかし、Ｇｏｄは、時間のうちにいない。Ｇｏｄに、過去も未来もないのです。

とすれば、この世界にたった一人の、ジョンが生まれたことには特別な理由があるはずです。ジョンが気がつかなくても、Ｇｏｄはそれを知っている。さもなければ、ジョンは生まれなかった。ジョンを存在させたのは、神の計画の一部です。それがどんな計画なのか、模索して、Ｇｏｄの意思に応えていくのが、ジョンの人生でなければならない。

ルターは、各人の職業を、天職だと言った。ならば、職業を通じて、隣人愛を実践することが、神の意思なのです。家族を営むことで、政府の職員となることで、科学者となることで、Ｇｏｄの意思に応える。やっていることは同じでも、その意味を自覚することで、ひと味違った人生を送ることが、信仰なのです。

ジョンはいつ、造られた

ジョンが神に造られたとして、それはいつか。ジョンはいつからジョンなのか。

大人のジョンは、ジョンです。

子どものジョンは？　ジョンです。

ではその少し前、母親のお腹のなかにいるときは？　それも、ジョンです、たぶん。……という具合に、さかのぼっていく。ジョンはいつ、ジョンになったのか。

生物の、発生を習ったときの図を描いてみました（図２―５）。

いちばん最初に、卵子と精子がいて、受精して、そのあと卵割《らんかつ》が始まるのでした。

顕微鏡が発明され、発生の様子が明らかになると、カトリック教会では会議を開いて、ジョンがいつジョンとして造られたのかを議論した。結論は、「受精の瞬間に、ジョンはジ

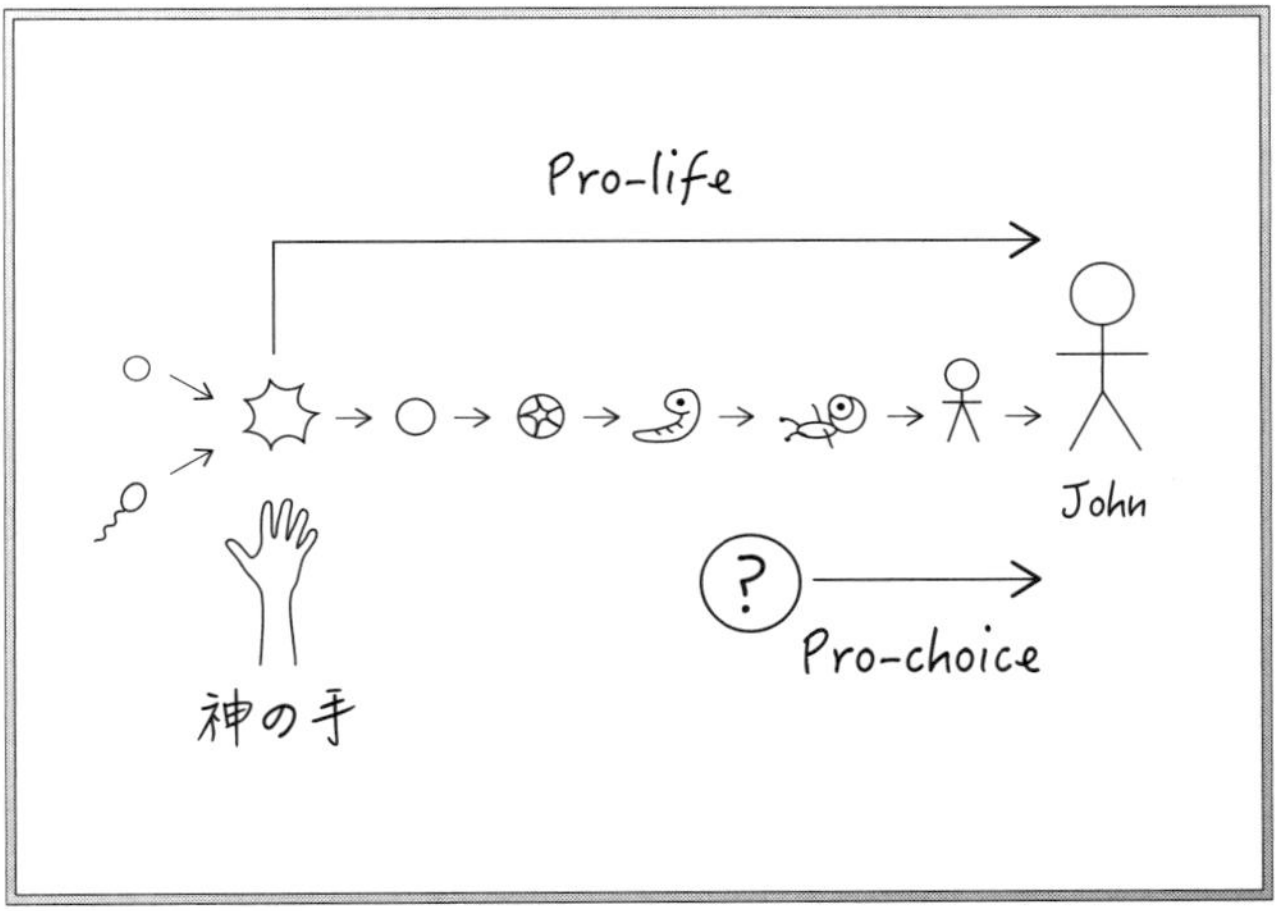

図2–5　Pro-life vs Pro-choice

ヨンになった」。その瞬間に、神の手がはたらいて、ジョンが造られた、と考えるのです。

受精卵が発生しつつある段階のものを、胚《はい》（embryo）といいます。胚は、神経細胞があってもなくても、すでにジョン。よって、この胚を破壊することは、殺人に等しい。だから、カトリック教会では、中絶は禁止です。中絶とは、医師（人間の手）が介入して、神の手がはたらいた生命の領域を、侵犯《しんぱん》することだから。

刑法上の殺人は、出生したあとの人間の、生命を奪うことをいう。出生前の段階の場合は、堕胎《だたい》とか傷害とかいう。けれども宗教上、中絶は殺人とみなされてしまう。

なおカトリックでは、受精より前の段階で、妊娠を防ぐよう人間の手が加わること（計画出産）も、いけないことになっています。

＊

いっぽうプロテスタントは会議を開いて、ジョンがいつ造られたか、決定したりしません。聖書が彼らの思考と行動の規準ですが、聖書のどこにもそんなことは書いてない。そこで、発生途中の「どこか適当な段階」で、ジョンはジョンになったと考える。

では、ジョンになる前は、いったい何なのか。

わかりますか？

答え。それは、「母体の一部」。母親である女性の、身体の一部です。身体の一部ですから、女性の支配権（処分権）が及ぶ。髪の毛や爪を切ってもよいのと同じ理由で、中絶してよい。「産む、産まないは、私が決める」なのですね。

＊

カトリックのように、中絶は許されないとする考え方を、プロライフ（Pro-life、生命尊重）という。それに対して、中絶は許されるとする考え方を、プロチョイス（Pro-choice、選択尊重）という。アメリカは、この二つの立場に真っぷたつに分かれています。議論が平行線で、決着がつかない。政治家は怖くて、この問題について、態度をはっきりさせられない。はっきりさせると、反対の票が逃げてしまうからです。

トランプは大統領選挙のとき、いかにもプロライフの、保守派のような顔をしていました。でも一〇年前の、私はプロチョイス賛成です、みたいに発言しているビデオが見つかって、物議をかもしました。

アメリカは、一九世紀からカトリック系の移民が増え続け、いまは教会の三分の一がカトリック。プロテスタントのなかにも、中絶を、神のわざに対する介入で、ゆるされないと考える人びとが少なからずいる。時たま、中絶をする医師は殺人者であるとして、ライフルで射殺する事件が起きたりする。「生命尊重」「選択尊重」と聞くと、日本語では軽く響きますが、その背景には、神のわざと生命の領域をどう考えるかの、宗教上の重たい議論が控えているのです。

＊

さて、プロライフ、プロチョイスにかかわらず人びとのコンセンサス（合意）がえられているのは、「胚を使った実験は、人体実験で、許されない」こと。すでにジョンであるかどうかは別にして、胚は、これから人間になろうとしている組織だからです。

胚を使った実験に対し、アメリカでも、ヨーロッパ諸国でも、厳しい規制がかかっている。キリスト教的な生命倫理が、歯止めになっているのですね。カナダの規準が少し緩《ゆる》いというので、いくつかの研究所や研究室が、カナダに移った。中国はたぶん、もっと緩いことでしょう。

そんなとき、iPS細胞の技術が現れた。大歓迎された。なぜか。iPS細胞は、万能性をそなえていて、実験にも臨床への応用にも期待がもてるうえ、体細胞に由来するからである。体細胞！　胚には由来しない。iPS細胞が、ジョンの体細胞に由来するとします。iPS細胞をどんなに実験で使っても、ジョンは個性あるジョンとしてピンピンしているから大丈夫です。

iPS細胞のすばらしさは、キリスト教的な生命倫理の制約を下敷きにしないと、なかなか理解しにくいのですね。

偶然と宿命論

ジョンがこの世界に生まれたのは、神の計画である。

この世界のすべての出来事は、神の意思によって、起こっている。

とすると、この世界に、偶然はないことになります。

＊

でも、偶然はあるようにみえます。たとえば、ギャンブル。

では、ギャンブルとはなにか。

サイコロやトランプやルーレットは、人為的に、結果の予測できない（等確率で起こるであろう）出来事を起こす仕組みです。人間には、偶然にしか思えない。しかし、Ｇｏｄに偶然はない。全知全能のＧｏｄには、結果は事前にわかっているのです。

私が、カジノでギャンブルをして、儲《もう》かった。なぜか。それはＧｏｄが、私が儲かるようにしてくれたから。Ｇｏｄが、私を愛している証拠になります。

そこで、Ｇｏｄが私を愛しているか知りたければ、カジノに行くのがよい。

カジノですってしまった。Ｇｏｄは私を愛していないのか。いや、つぎの日こそ、愛されるかもしれない。神に愛されるまで、ギャンブルを続けるのがよいのですね。

＊

もしも、この世界のすべての出来事が、Ｇｏｄの意思によって起こっているのだとすると、宿命論にならないだろうか。自分がどう行動しても無駄で、なるようにしかならないのなら、ふて腐れて寝ているしかないのではないか。

そうはならない。

「神の主権」の考え方を、宿命論や決定論と混同してはいけません。

もしもＧｏｄがいないのなら、この世界はモノの塊《かたま》りで、それが自然法則に機械的に支配されているだけだ、という世界観になるかもしれない。人間に自由意志があったとしても、その要素は無視できるほどささいなもの。そう考えると、宿命論や、決定論になる。

「神の主権」論は、この世界を、機械的で決定論的なメカニズムとは考えません。表面を自然法則が覆っているとしても、その根底で、Ｇｏｄの意思が実現しつつある世界だと考える。本質的に、因果論的ではなく、目的論的な世界観です。Ｇｏｄの意思は、聖霊を通して、あなたや私の精神のなかにはたらいている。神に与えられた、あなたの務めを果たしなさい。隣人のために尽くしなさい。この世界を、Ｇｏｄと人間が、共同で築いていく。それが神の意思であり、それに応えるのが人間のつとめなのだ、と考えます。

ユダヤ教、イスラム教の場合には、神の言葉がユダヤ法、イスラム法といった、法律のかたちになっている。人びとは、法律をあいだに挟んで神とつながり、「神の主権」とは直面しない。こうした法律を持たないキリスト教徒、それも、普遍教会を否定してしまったプロテスタントが、「神の主権」をひしひしと感じる。この緊迫が、近代をうみだす大きなきっかけとなったのです。

家族の価値

アメリカでは繰り返し、ファミリー・ヴァリュー（家族の価値）が唱えられます。これはどういう意味だろう。

アメリカにやってきたピューリタンたちは、家族を大切にし、結婚したカップルは愛し合うべきだ、という倫理観をもっていました。カトリックは、結婚を秘蹟《ひせき》（神のわざ）とするので、離婚ができない。プロテスタントは、離婚を認めます。独身主義をとらないので、結婚は信徒の大事なつとめになります。

Ｇｏｄが全知全能であるなら、誰と誰が結婚すべきか、神が伴侶《はんりょ》を用意しているはずである。これを、ゴッズ・マッチ（God's match）といいます。このひとか、それともこのひとか。人間には事前に知りえない伴侶を模索するこのプロセスが、いわゆる恋愛です。

＊

結婚では、「死が二人を分かつまで」と誓います。片方が死ねば、結婚の契約は解消するという意味です。残された者は、また再婚できる。

終末のとき、復活した人間は、天使のようになる（男女の性別がなくなる）、とイエスは言った。神の国では、家族は解消します。夫と妻は、「元夫」「元妻」として、ほかの信徒とともに、仲良く暮らす。

これはあんまりだと思ったのかどうか知らないが、モルモン教では、結婚は復活したあとも、神の国で継続する、と考えます。モルモン教（末日聖徒イエス・キリスト教会）は、キリスト教系の新興宗教。モルモン教徒は、一般のキリスト教徒に比べて、さらにまじめに家族道徳を大事にします。

視えざる神の手

「神の主権」の考えによれば、市場も、Ｇｏｄの意思がはたらく領域です。

福音書に、「貢《みつ》ぎの銭」という挿話があります。イエスの一行が呼び止められた。ちょっとお前たち、神殿税を払ったのか？　払っていない。財布は空っぽで、持ち合わせがない。

困っていると、イエスが弟子のペテロに言いました。ペテロ、お前は漁師だろう。そこに池があるから、魚を釣りなさい。釣った魚の口を開けると、硬貨が入っているから、それを払いなさい。そんなことあるかなあ。ペテロが半信半疑で釣り糸をたれると、すぐ魚が釣れ、口を開けるとほんとに硬貨が入っていた。そこで、神殿税を払いました。おしまい。

読みとばしてしまう、小さなエピソードですが、こういう意味に読めないか。神の子イエスは、全知全能だから、そこの池に泳いでいる魚の口のなかに、硬貨が一枚あることを知っている。ということは、この世の硬貨の一枚一枚のありかを、すべて知っている。あなたの財布のなかに、いまいくらあるかも、銀行の金庫にいくらあるかも。

＊

さて、いま誰の財布にいくら入っているか知っているＧｏｄは、去年、誰の財布にいくら入っていたか、知っているだろうか。もちろん、知っている。

では、来年、誰の財布にいくら入っているか、知っているだろうか。もちろん、知っている。全知全能なのだから。

来年、自分の財布にいくら入っているか、私は知らない。でもなるべく儲けてやろう。そう思って、私は市場に出かけ、ものを買ったり売ったり、経済活動をして、期末を迎えて帳簿をしめたとき、やっと儲けたか損したか、わかる。でもそれを、Ｇｏｄは知っているのです、事前に。

私が儲けたとしたら、それはどうしてか。Ｇｏｄが儲けさせてくれたから。私が損したら、それはどうしてか。Ｇｏｄが損させたから。全能のＧｏｄは、私を儲けさせるのも、損させるのも、思いのままです。

儲けたとして、その利益は正当か。

正当である。Ｇｏｄが与えてくれたものだから。儲かれば儲かるほど、Ｇｏｄが私を愛してくれている、という意味になるのです。

こうして、誰が儲かり、誰が損したか、という結果が実現する。Ｇｏｄはそれを承認したか。承認している。Ｇｏｄは、別な結果を実現することができたか。できた。できたのに、この結果になった。市場均衡には、Ｇｏｄの意思がはたらいていることになります。

このロジックを、初めてはっきりのべたのは、アダム・スミス。『諸国民の富』のなかで、スミスはこれを、「神の視《み》えざる手 Invisible Hand」と呼びました。スミスは大学で、道徳哲学の教授でした。プロテスタント神学を下敷きにして、市場について、このように主張したのです。

人間が結果を知りえず、偶然のプロセスとみえる市場メカニズムのなかに、Ｇｏｄの意思がはたらいている。市場は、人びとが必要とする資源を、交換し分かち合い、幸せに生活するための物質的基盤を提供する仕組みです。市場のメカニズムは、自律しているべきだ。神のわざがそこにはたらくために。

＊

さらに。市場に神のわざがはたらくのならば、そこに、人間のわざ（政府が勝手に関税をかけるなど）がはたらいてはならない。政経分離の主張になります。

市場メカニズムが健全にはたらくための条件は、所有権を尊重すること、法律（契約）を守ること、そして、税金を払うこと。これらのルールを守っている限り、どんなに儲けても、その結果は正当化される。

この論理があるからこそ、資本主義経済が成立するのですね。

民主主義と神意

さて、政治の領域にも、Ｇｏｄの意思がはたらきます。

アメリカは、政府の主要な公職をすべて、選挙で選ぶというやり方を、世界で最初に始めました。

民主主義です。

選挙は、教会の役職につく人びとを投票で選ぶ、会衆派のやり方がもとになっています。会衆派（congregationalist）は、それぞれの教会が自律した単位になっており、上部団体をもたず、牧師《ぼくし》や役員をすべて自分たちで選出するという人びとです。

アメリカは、王制をとらず、大統領を置いた。任期があり、毎回選挙で選ぶ。上院、下院の議員をはじめ、州知事、州議会議員、町長、検事総長など、数えきれない公職者を、選挙で選んでいる。

＊

民主的な選挙が成り立つためには、有権者一人ひとりの、行動様式（倫理観）が重要になります。個々人が独立に、良心にもとづいて、最適な候補者、最適な選択肢に投票する。自分が得するから投票する、ではない。もちろん、金銭で買収されたりしない。家族が、友人が、薦めるから投票する、ではない。自分の所属集団（地域、労働組合、教会、……）がこれこれだから投票する、ではない。

会衆派の人びとは、こういう投票に慣れていた。植民地の各州の議会も、こういう選挙や投票に慣れていた。

選挙は、誰が選ばれるか、事前には誰も知らない。事後には、明らかになる。市場とそっくりである。そしてこのプロセスに、聖霊がはたらき、Ｇｏｄの意思が実現する。投票にはたらく、見えざる神の手。アダム・スミスにあたる政治学者が、そういう本を書いていてもよかったのだが、しかし、人びとは実質的にそのように信じている。だから当選した候補は、聖書に手を置き、職務に忠誠を誓うのですね。

聖書と自然科学

家族も、市場経済も、民主主義も、Ｇｏｄの意思が実現する領域である。そして、もっと明らかにＧｏｄの意思が認められる領域が、自然科学だ。

キリスト教文明で、自然科学が花開いた。聖書には、自然科学と矛盾することがらが多く書いてあるのに、これはどうしてなのでしょう。

＊

まず、自然（nature）とは何だったか、「神の主権」の観点から復習してみます。

天地を、Ｇｏｄが造った。山も川も海も、植物も動物も。人間も。これら、「神の造ったそのまま」を、自然というのでした。自然は、神のわざで、人間の手がまったく加わっていません。

この自然の範囲は、日本語の自然（漢訳仏典の用語である）よりも広いので、注意が必要です。

たとえば、左利《き》き。ジョンは、生まれつきの左利きである。それは、彼の自然です。（英語の辞書をみると、natureの項に、「本性」とありますが、人間の自然のことです。）

神がジョンを、そのように造ったのです。

さあ、では、ジョンの左利きを、親が直してよいか。日本人の親は、子どもの左利きを直します。ためらいがない。世の中はみんな右利きだ。いまのうちに直したほうが、本人のためだ。本人の利益を代理して、親が介入する。アメリカでは、左利きはそのままにする。神がジョンを左利きに造ったのだから。

親（人のわざ）が、神のわざを上書きしてはならない。と考える親が多いので、アメリカは、左利きだらけになってしまうのです。

*

またたとえば、ＬＧＢＴ。ＬＧＢＴとは、レズビアン、ゲイ、バイセクシュアル、トランスジェンダーの略ですね。レズビアン、ゲイは、自分で選択してそうなったのではない。そう生まれついた。気がついたら、そうだった。それは、そのひとをGｏｄがそう造った、という意味（つまり、自然）になります。自然なら、人間がそれを禁じたり、罰したり、差別したりすることは間違いである。

でもゲイは、聖書にはっきり、罪であると書いてある。聖書を「神の言葉」と固く信じる保守派の人びとは、ＬＧＢＴを認めることができません。けれども、この世界に「神の主権」が行き届いていると考える立場からは、自然のなかに神の意思をみて、聖書に書いてあるのと異なった考え方をすることができるのです。

＊

自然は、神のわざそのものである。自然を観察し、記述し、理解するなら、聖書に必ずしも書かれていない神の意思を、明らかにすることができる。そう、自然は「もう一冊の聖書」である！

自然（神の創造のわざ）を観察し、理性によって解明して、神の意思を明らかにすること。その活動（自然科学）を通じて、神の計画を理解すること。理性を通じて、神に近づく――この考え方を、理神論《りしん》（deism）といいます。

理神論は、啓蒙《けいもう》思想の根底にある立場で、自然科学の土台となりました。理神論については、私の『フリーメイソン』（小学館新書、二〇一七年）の最初の部分に詳しく説明してあるので、参考にしてください。

＊

プロテスタントは、聖書の権威を強調し、カトリック教会の権威を否定しました。ところが、聖書の一字一句を文字通り正しいと考えれば、自然科学がやりにくい。聖書には、天体や生物など、自然についての具体的な記述がある。これは、古代の素朴な常識をなぞったもので、自然の実際とは異なっている。自然の観察が進むと、その制約が明らかになってきます。ことに、ニュートンの万有引力の法則が、劇的な成功を収めてから、聖書の記述に限界があるのは、明らかになりました。

理神論は、プロテスタントの当初の、聖書中心主義の立場を修正します。聖書と並んで、あるいは、場合によって聖書より以上のものとして、自然を重視します。自然は、神の創造のわざそのものだからです。聖書は、人間の手で書かれているので、人間の要素がまぎれこんでいるかもしれない。それに対して、自然は神のわざそのまま。それを理性でうつし取った学問である、自然科学は、ヒューマンエラーの要素がさらに少ない、と考えられます。

＊

こうして、プロテスタント神学は、「神の主権」の概念をテコに、聖書と自然科学を双頭の権威とする、近代主義へと生まれ変わりました。自然科学は、理性によって導かれる、合理主義そのもの。自然科学は、科学技術の推進力の根源です。その自然科学は、理神論を通じて、プロテスタント神学と深くつながっているのです。

これが、ヨーロッパ・キリスト教文明で、自然科学が爆発的に発展した、秘密なのです。

第3章　ヒンドゥー文明

本章のポイント

・なぜ、カースト制は数千年も続いているのか。
・インド人が互いに無関心であることと、インドの神のあり方は、どう関係しているのか。
・なぜ、インドで生まれた仏教が、インドに根づかなかったのか。
・インドの人びととのビジネスで気をつけるべき点は、なにか。

バラモン教とヒンドゥー教

インドの宗教を、ヒンドゥー教（Hinduism）といいます。「ヒンドゥー」とは、インドの、という意味。インドの宗教が、ヒンドゥー教なのです。

狭義のヒンドゥー教は、いわゆるヒンドゥー教のこと。

それに対して、広義にヒンドゥー教という場合は、これに加えて、仏教、ジャイナ教、なども含みます。ヒンドゥー教の立場からすれば、仏教は、ヒンドゥー教の一種なのです。これに対して、イスラム教やゾロアスター教は、インドの外から伝わったものなので、ヒンドゥー教とはいいません。

＊

ヒンドゥー教はもともと、バラモン教（Brahmanism）でした。

バラモン教は、アーリア人の宗教。いまから三〇〇〇年あまり前、アーリア民族がインドに侵入した。アーリア人は、もともとイラン北部の草原に住んでいたらしく、西に移動した人びとは、ギリシャ、ローマ、ゲルマンなどの一帯に拡がった。インド＝ヨーロッパ語族に属する人びとが、最広義のアーリア人です。彼らは多神教の信仰をもつ人びとでした。

インドに侵入したアーリア人は、先住民族（ドラヴィダ人）を支配した。アーリア人が支配階層に収まったのが、カースト制の起源だという。そして、バラモン教がかたちづくられた。ヴェーダ聖典をはじめ、多くのテキストがまとめられました。

時間がたつうち、アーリア人と先住民族との混血が徐々に進み、先住民族の信仰する神々が、バラモン教に入り込んで行った。そして、バラモン教は少しずつヒンドゥー教に、変化して行ったと考えられます。

バラモン教とヒンドゥー教は、連続的だが、概念として区別できます。まあ、オタマジャクシとカエルのようなものだ。オタマジャクシはだんだんカエルになるでしょう。境目にきちんとした線は引けないが、別々のものですよね。

カースト制

ヒンドゥー教と言えば、カースト制。ヒンドゥー教とカースト制は、切り離すことができません。カースト制は、複雑に発展しながら、インド全体に広まって行きました。

カースト制は、インドの社会構造の骨格をかたちづくっている。カースト制について、おさらいしてみましょう。

カーストは、ポルトガル語。インドの言葉ではない。

大航海時代、ポルトガル人が、インドにやって来た。現地に、めずらしい制度がある。そこで、カースト（血統）と名前をつけ、ヨーロッパに紹介した。それが、広く知られるようになったのです。

インドでは、これをカースト制ではなく、ヴァルナ・ジャーティ制とよびます。ヴァルナとジャーティが、組み合わさったもの、という意味です。

＊

ヴァルナは、種姓《しゅせい》と訳す。インド人全体を、四つのカテゴリーに区分します。上から順番に、バラモン、クシャトリヤ、ヴァイシャ、シュードラ、の四つ。このほか五番目に、ヴァルナにも入らない、アウト・カーストの人びと（ダリット）がいる。

ヴァルナの起源は諸説ありますが、もともとインドを征服したアーリア人が設定したものと思われます。

バラモンは、高貴な人びとで、浄《きよ》く、宗教活動に従事します。

クシャトリヤは、戦士階級で、政治・軍事を担当します。

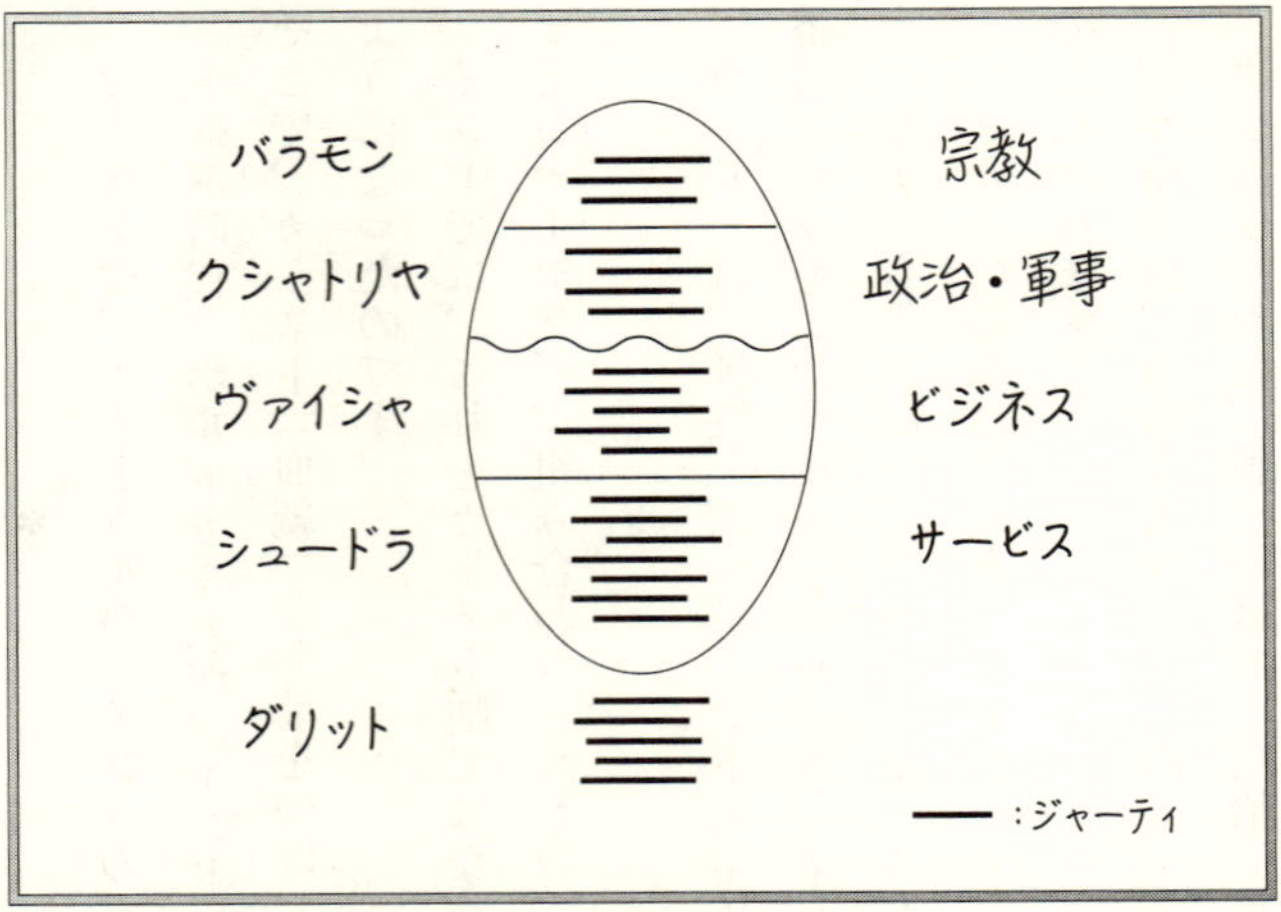

図3–1　カースト制

ここまでのふたつが、支配者のカースト。

ヴァイシャは、ビジネス全般を担当します。

シュードラは、それ以外のサービスに従事します。

アウト・カーストの人びとも、それぞれの仕事を分担します（図3–1）。

＊

ジャーティは、職業集団。まとまって住み、コミュニティを形成します。同じジャーティの者同士が結婚します。

バラモンも、もっとも高貴なバラモンから、そうでもないバラモンまで、いくつものジャーティに分かれています。以下、クシャトリヤ、ヴァイシャ、……もいくつものジャーティに分かれている。ジャーティは、インド全体で数千にものぼりますが、ひとつの村には多くても数十ほどしかない。そして、よいほうから悪いほうまで、優劣の順に一列に並んでいます。

このような優劣の序列は、浄い／穢れている、の区別によるものだといいます。規準ははっきりしないが、動物を殺害して解体したり、血に触れたり、汚物に触れたりすることは、穢れとみなされます。

＊

カースト制は、インドにだけある。インド以外の社会には、存在しない。存在しないものは、理解しにくい。どのようなものか、概念として整理するのがよいでしょう。

カースト制は、つぎのような制度です。

(1) すべての人びとが、どこかひとつのカーストに属する。ふたつ以上のカテゴリーにまたがって属したり、どれにも属さなかったり、するひとはいない。このような性質を数学では、集合の「類別」といいます。

(2) すべてのカーストは、よいほうから悪いほうまで、優劣の順番がついている。四つのヴァルナが、バラモン＞クシャトリヤ＞ヴァイシャ＞シュードラ、の順に並んでいる。そのまた下に、ダリットが位置する。さまざまなジャーティ（職業集団）が、やはり優劣の順番に、一列に並んでいる（線型順序になっている）。

（3）すべてのカーストは、職業に結びついている。すべての人びとに、職業が割り当てられる。それは独占的で、誰かが参入してくる心配がない。カースト制を通じて、社会全体に相互依存（分業）のシステムが形成される。

（4）カーストの同じ者同士が、結婚する。生まれた子は、自動的にそのカーストに属する。カーストが違う者同士は、なるべく交流しない。

＊

この、「なるべく交流しない」というルールは、インドのカースト制に独特なものなので、よくよく想像してみる必要がある。

カーストが違えば、なるべく交流しない。どういう意味でしょうか。

バラモンは、ほかのカーストのひとと一緒に、食事をしない。あまりに貴く、浄いからだという。

カーストの異なる人びとと、なるべく話をしない、という習慣もある。

ものを渡したり、受け取ったりしない。穢れが伝染するといけないから。昔、インドの鉄道の駅で、水売りをしているひとがいた。コップ一杯、1ルピーです、みたいな。さてこの水売りは、バラモンの副業なのだという。いろいろなカーストの人びとが、水を買いにくる。バラモンなら、誰にでも水を手渡せる。低いカーストのひとだと、そうは行かない。同じ理由で、レストランを開業するのも、バラモンの副業なのだという。

ものを受け渡ししても穢れが伝染するのなら、直接のボディータッチはなおできない。アウト・カーストの人びとが、「不可触賤民《ふかしょくせんみん》」といわれているとおりである。

＊

アウト・カーストは、カースト制の初期には存在しなかったようです。紀元前後に記録がある。紀元五〇〇年前ごろから増え始めた。

アウト・カーストには、視ると眼が穢れる、とされた人びとの記録がある。中国の僧がその昔、インドを旅行したときの記録です。人びとは、村人と顔を合わさないように、村外れにまとまって住んでいた。井戸水も共用できない。どうしても村を通るときは、拍子木みたいに合図の音を出して、歩いていく。村人は家に入って戸締りをし、顔を合わさないようにする。うっかり家を出てばったり出会った人は、家に戻って、眼が穢れたと、よく洗うのだという。

アウト・カーストの人びとは、ヒンドゥー教寺院に、立ち入ることができない。アウト・カーストのある人びとは、ひと目でそれとわかるように、特定の汚れた服装をするように、決まっているケースもあったともいう。

＊

カーストの違う結婚は、許されない。というルールがあるとは言え、男女の間柄は、そのとおりになりません。カースト違いのカップルから、子どもが生まれることもあるでしょう。いちばんよくないのは、バラモンの女性とシュードラの男性の組み合わせだとされている。そうして生まれた子どもの所属するカーストは、どう決まるのでしょう。二人のうち、低いほうのカーストでしょうか。いえいえ。アウト・カーストにされる。聖典によると、そもそもアウト・カーストの起源は、カースト違い婚だと書いてあります。大変厳しいペナルティです。生まれた子の苦難を思うと、踏みとどまるカップルが多いでしょう。それでもアウト・カーストの人びとは増え、膨大な人数となっています。

＊

このようなカースト制は、とても前近代的。そして、差別のかたまりにみえる。

どこが前近代的かというと、職業選択の自由がない。結婚の自由がない。そして、どこが差別的かというと、人びとを対等な人間と認めるかわりに、優劣の違いがあると考える。人権の考えに反する、被差別カーストが存在する。

こんな前近代的な仕組みを残しているから、インドは近代化できないのだ。だからダメだと、よく言われた。カースト制のことを知れば知るほど、なるほどと思えてしまいます。

インドにも、カースト制に反対する人びとが多いのです。インドではそもそも、カースト差別は違法。インド政府は、何十年も、カースト制をなくそうと努力してきました。けれども、カースト制は根強く、インド社会に残っている。特に農村では、まだまだカースト制が続いています。

＊

このように、不合理そのものであるカースト制がなぜ、数千年も、続いてきたのでしょうか。なにかプラスの側面もあるからこそ、続いているのではないでしょうか。

カースト制をプラス、マイナスの両面からとらえるため、古代に目を転じてみましょう。

カースト制ができたのは、古代のことです。当時、インドでは、カースト制ができた。インド以外の場所では、できなかった。インド以外の場所では、どんな社会が営まれていたのでしょう。

古代奴隷制

インド以外の場所で、営まれていた制度。それは、古代奴隷制、です。

奴隷制。

奴隷制は、日本に存在したことがないので、これまたなかなか想像しにくい。けれども、古代ではこれが、世界標準だったのです。

＊

奴隷とは、なにか。それは、人間が人間を「所有する」ことである（図3−2）。所有する人間を、主人。所有される人間を、奴隷という。

「所有」という現象は、どんな社会にもあります。これは、誰それのものと決めて、自由に使えることにし、ほかのひとは、自由に使えない。ふつうはモノに対して、所有権を設定します。

奴隷制の場合は、人間に対して、所有権を設定する。人間をあたかも、モノのように扱うのです。

人間は、奴隷になると、自由がなくなる。主人の言うとおりに、行動しなければならない。嫌だと思っても、辛い仕事をしなければならない。人間として、ふつうに暮らすことができない。

皆さんは、奴隷になりたいですか。たまにはいい経験かもしれない。え？　誰もなりたくない。そうですよねえ。いいことはなさそうだ。でも、誰もなりたくない奴隷が、おおぜいいるのが、奴隷制社会なんです。

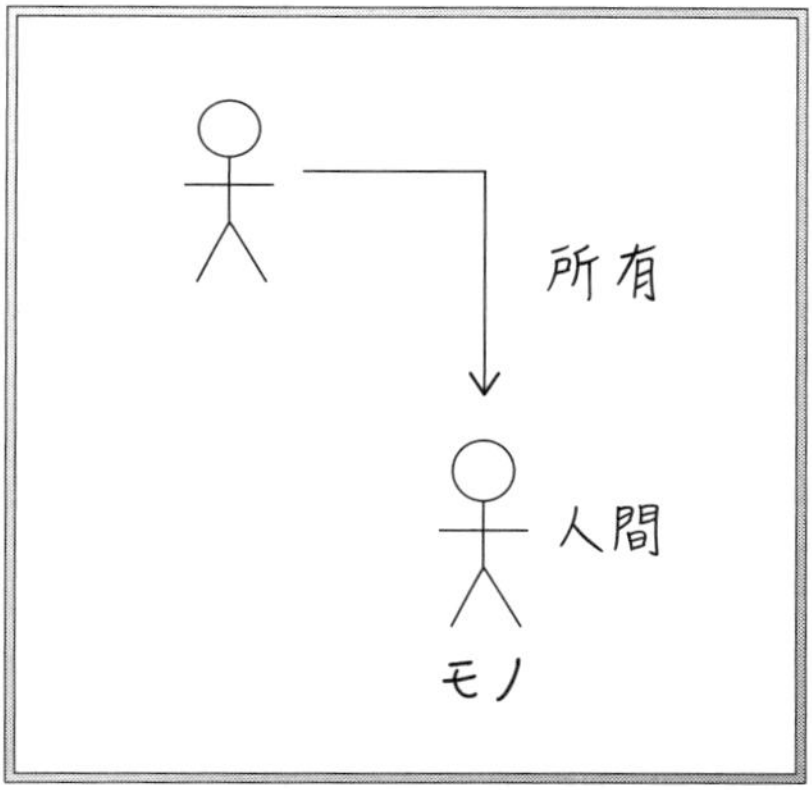

図3–2　奴隷

＊

では、奴隷はどのように、奴隷になるのでしょうか。主な奴隷のなり方が、三つある。三つとも言えますか？

第一。戦争で捕虜にする。

戦争で負けると、殺されなければ、捕虜になった。古代の戦争は、戦闘員と非戦闘員の区別がない。戦争に負けた側は、兵士はもちろん、その家族や、関係のない農民や職人や、王族や家畜まで、みんな勝った側の戦利品になった。戦利品にした捕虜は、市場で奴隷として売り払ってもいいし、連れ帰って自分の奴隷にしてもいい。それがわかっているので、攻められた側は、住民も兵士に協力して、町ぐるみで必死に戦いました。

戦争で負け、生き残った者を奴隷にしてよいのは、古代の確立した慣習法でした。

第二。借金のかたに売られる。

借金が返せなくなった場合、売るものがないと、最後に自分を売ってしまう。すると、奴隷になる。これを債務奴隷といいます。債務奴隷は、実数としてはそう多くない。

第三。奴隷の子として生まれる。

奴隷が結婚するなどして子どもを生んだ場合、その子どもは、生まれながらの奴隷となった。

主人は、市場で奴隷を買ってこなくてもすむので、奴隷を結婚させ、子どもを手に入れると都合がよかった。親切なのではなく、主人の損得勘定である。

奴隷が子どもを生んで、その子がまた奴隷となることは、主人からみると、労働力の再生産です。

奴隷は、自由がない。人間として生きる、基本的な権利を奪われています。

第一に、私有財産権がない。

奴隷は自分が主人の所有物である。よって法的人格がなく、モノを所有することができない。契約を結ぶ能力がないから、自分で自分を主人から買い戻すこともできない。

第二に、家族として生きる権利がない。

結婚できるかどうかは、主人の一存である。使い捨ての奴隷は、結婚できない。鉱山労働やガレー船の漕《こ》ぎ手として体力を消耗し、死ねばそれまでである。それよりましな結婚できる奴隷を、古代ローマでは、プロレタリアといった。(マルクスはこれを、誰かから教えてもらって、資本主義社会の工場労働者をさす名前にした。)でも、結婚したとは言っても、主人の都合でいつ、市場で売られるかわかったものではない。売られるときは、バラ売りで、家族は離散してしまうのだ。

ちなみに、奴隷に代わって中世には、農奴《のうど》が現れた。農奴は、領地と一体のもので、領主といえども農奴の家族を土地から切り離してバラバラにできない。農奴は、家族として生きる権利を慣習法によって保障されていた。

奴隷は、私有財産がなく、また、家族として生きる権利もない。人間の幸福は、さまざまに定義できるだろうとは思う。けれども、財産も家族もなくて、幸せになれるだろうか。どちらも、人間が生きていくための、基盤となる条件であろう。奴隷制は、これを、大部分の人びとに提供することができないのです。

カースト制のメリット

カースト制が生まれた古代では、奴隷制が主流でした。奴隷制と対比すると、カースト制はどうみえるでしょうか。

カースト制の特徴。

第一に、奴隷がいない。差別があるが、それは身分の違いで、奴隷ではない。

第二に、全員が、結婚できる。家族を営める。結婚相手を自由に選べるわけではないけれども、文句を言わなければ、大部分のひとが結婚できる。

第三に、みな、私有財産権をもっている。人びとは、ファミリービジネスに従事している。ファミリービジネスは、生産手段を家族で所有していて、私有財産がある。実際には大した財産を持っておらず貧しい場合も多いかもしれないが、私有財産「権」をもってはいる。それなら、がんばれば、運がよければ、豊かになれる可能性がある。

＊

古代奴隷制と対比すると、カースト制は、よくできた仕組みだと言えると思います。それは、奴隷制を回避し、すべての人びとに、私有財産権と家族とを配分する。おまけに、めいめいが生きていくための、職業も割り当てる。カースト制を守っている限り、この状態が永続する。カースト制は、古代の、社会保障システムだと言うこともできるのです。

カースト制は、分業システムだから、相互依存のネットワークをつくり出します。相互依存は、争いを少なくする。社会変動の余地も少ない、超安定社会です。

カースト制は、成功した仕組みでした。古代奴隷制は、人間の生存の基本的条件を保障できず、人間に重すぎる負担をかけ、持続可能でなかった。それにひきかえ、カースト制は、人間の生存の基本的条件を満たし、持続可能なシステムだったのです。

成功した仕組みは、変えるのがむずかしい。ゆえにカースト制は、三〇〇〇年も続いたのです。

カースト制の問題点はと言えば、社会的威信の配分が、極端に不公平なこと。上位のカーストの人びとはともかく、下位のカーストの人びとは、職業や身分に誇りが持てません。自分の努力で、それを打開する余地もありません。希望が持てない。

あなたが、下位のカーストに生まれたとします。思春期には、自分の境遇に腹を立てるようになるでしょう。グレて、反社会的行動をとるようになるかもしれない。すると、村の長老がやって来て、あなたに意見をします。キミは、いまのカーストに生まれたのが不満なようだが、それはね、キミのせいではないのだよ。前世のキミが、よっぽど悪い行ないをしたのに違いない。だから、その罰として、低いカーストに落とされた。それは正義だ。受け入れなければならない。だが、キミはそんなことでふて腐れてはいけないよ。これにめげないで、いまのカーストで真面目に立派な人間として一生を送れば、来世ではきっと、上のカーストに生まれ変わるからね。バラモンに生まれるのも夢ではないよ。だから、がんばりたまえ。

この説明で納得するなら、あなたは立派なヒンドゥー教徒です。

輪廻は、この生命が終わっても、また次の生命が始まる、という信念のこと。これも、インドの人びとだけの考え方です。そして、社会的威信が不平等に配分されていることへの不満を、和《やわ》らげる作用があります。

＊

もしも人びとが本当に輪廻しているなら、上のカーストの者は下になり、下のカーストの者は上になって、前世〜現世〜来世を通算してみるならば、すべての人間が平等に扱われていることになる。現世が不平等だったとしても、気にしなくてよいのです。

輪廻を信じれば、カースト制はいくぶん、受け入れやすいものになるでしょう。その意味で、輪廻とカースト制は、セットになっているのです。

＊

輪廻は、あきらめでもあります。バラモンのように、この人生のうちに、高い境地に達することはできっこない。いまのカーストにいたままできるのは、職業に精を出し、なるべく善行を重ね、ヒンドゥー教の神々を礼拝し、来世でよりよいカーストに再生するよう願うことだ。こう思って、生きるのですね。

なぜ神々が多い

ヒンドゥー教の神々は、数が多い。そして、神々の流行りすたりがある。神々のリーダーは、バラモン(梵天《ぼんてん》)であったはずだが、ヴィシュヌ神が有力となり、いまはシヴァ神の人気が高い。神々の関係が変化するのは、一神教の場合のようなドグマ(教義)や神学がなく、人びとの信仰の実態に応じて流動的であるからです。

インド社会の基底となるのは、ジャーティ(職業集団)に集まる人びとです。彼らがてんでに、思い入れのある神を拝む。ただし、神を拝む祭祀《さいし》を行なうためには、バラモンに依頼しなければならない。バラモンは、サンスクリット語の聖典を読誦《どくじゅ》し、祭祀を行なうことで、インド社会の統一を保っています。インド社会は多言語で、カーストに分かれ、互いに交流のないジャーティに分かれています。よってさまざまな神がいるところを、バラモンが束ねているのです。

＊

多くの神々が矛盾と対立に至らない仕組みが、化身《けしん》の考え方です。ヴィシュヌ神やシヴァ神は、さまざまな神に姿を変える。異なった神を信じていたグループも、それぞれの神が化身同士であったなら、同じ神を信じていたことになる。同じ神だから、別々の神を信じたままでよいのです。

インドの神々は、互いの無関心や無関係を表現するいっぽう、それが矛盾や対立を生まない仕組みもそなえている。素朴な多神教ではなく、なかなか洗練された多神教だということができます。

ゴータマの覚り

さて、インドには、カースト制に反対しヒンドゥー教に反対する、伝統もある。その早い時期の重要な試みが、仏教です。

仏教は、いまからおよそ二五〇〇年前に生まれた、ゴータマ・シッダールタが始めた宗教運動です。その要点を、おさらいしておきましょう。

ゴータマは、三〇歳のころ、妻も子どももありながら家を出て、出家修行に旅立った。師についたが満足をえられず、自分で修行を続ける。激しい苦行も効果なく、あきらめかけたあとついに覚りをえた。そしてブッダ（＝覚った人）となり、弟子を集めて出家修行者の集団（サンガ）をつくり、八〇歳で没している。

これは日本人なら、誰でも知っている話ですね。

ゴータマを羨《うらや》ましく思い、インドの若者が、同様の修行を始めた。仏弟子です。仏弟子たちが、ブッダと同じく覚りをうるため、修行を続けている。この、修行する仏弟子たちの全体が、仏教なのです。

＊

では、ゴータマは、何を覚ったのでしょうか。

覚るとは、どんなにすごいことなのか。どんないいことがありますか？

それが、よくわからない。お経にも書いてない。「あなたも、覚れば、わかりますよ」なのです。ゴータマが素晴らしいと言っている。バラモンと同様か、それを上回る境地だという。ならば、自分もそれを目指そう。そう思って行動に移せば、それが仏弟子なのです。

＊

仏教は、一神教でしょうか、多神教でしょうか？

仏教を、多神教だと思っているひとがいます。多神教ではありません。そもそも仏教は、神を拝まない。神に関心がない。多神教の本場であるインドのど真ん中で生まれた仏教は、神を拝むかわりに、自分が仏になることを目指します。仏とは、「覚った人」のこと。覚ってはいるが、人間です。覚る前は、ただの人（凡夫《ぼんぷ》）。覚ったあとは、ブッダ。仏弟子も仏も、人間です。仏教には、人間しか出て来ない。「神を拝んでいるひまに、自分が仏になりましょう」なのです。

仏教は、一神教～多神教、の軸を外れている。仏教はそのどちらでもない、宗教なのです。

神々は、ブッダの応援団

では、仏教に、神さまは出て来ないのか。

出て来ます。経典《きょうてん》のなかに、インドの神々が出てくる。

漢訳の仏典に、〇〇天、と訳されているのが、インドの神さまです。梵天（ブラフマー神）をはじめ、多聞天《たもんてん》、広目天《こうもくてん》、帝釈天《たいしゃくてん》、弁財天《べんざいてん》、韋駄天《いだてん》、などなど。その役割は、ブッダの応援団といったところです。

梵天は、ゴータマが覚りを開いて、やって来る。お釈迦《しゃか》さま。覚ったのですね、よくやった。あなたなら出来ると思っていました。よかったよかった。で、せっかくですから、ぜひインドの民衆に、お釈迦さまの覚りを、説法してやっていただけませんか。お釈迦さまが気のない返事をすると、そこをなんとか、と頼み込みます。頼むほうが下で、頼まれるほうが上。インドの神々より、ブッダのほうが上だと言っているのです。

＊

お寺で仏像をみると、周囲に、鎧《よろい》を着て武器を手にした家来たちが、本尊《ほんぞん》を守っています。

彼らは、インドの神々。神さまが、仏さまのガードマンをつとめている。これも、インドの神々より、ブッダのほうが上、とデモンストレーションをしているのですね。

これらは、ヒンドゥー教になじんだインドの民衆に向けたPR。仏教の本質と関係ない。大事なことは、人間は誰でも努力すれば、ブッダ（覚った人）になれる、です。

仏教とカースト制

ゴータマは、二五〇〇年前のインド人。当時、もうインドに、カースト制はあった。では、ゴータマのカーストを、教えてください。

日本の仏教は、この点を強調しません。しかし、ゴータマのカーストを踏まえることは、仏教を理解する急所です。

答え。クシャトリヤ。

ゴータマは、王子に生まれた。経典に書いてあります。王子に生まれるためには、父親が国王でなければならない。国王の職業は、政治・軍事。すなわちゴータマは、王家の、クシャトリヤの生まれです。

王家の生まれと言えば、その社会のトップクラスに聞こえます。日本でもそう。中国でもそう。ヨーロッパでもそう。けれども、インドでは、トップでない。トップはバラモン。クシャトリヤはその下の、二番手なのです。

しかも、バラモンが、宗教活動を独占している。

そんなインドで、クシャトリヤのゴータマが、出家して最高の覚りをえたりしてよいのでしょうか。よくない。少なくとも、ヒンドゥー教の常識的な考え方からは逸脱している。

それを強引に、実行してしまったのが、ゴータマなのです。

＊

ゴータマが最高の覚りをえた。バラモンは、どう思ったでしょう？

嘘だろう。クシャトリヤの若造が、なにを考えている。宗教は、バラモンの縄張りだ。バラモンに断りもなく、勝手なまねをしてもらっては困るじゃないか。

ゴータマの覚りを、認めようとしないでしょう。ゴータマは、逆風に見舞われたはずです。

けれども、味方も現れる。まず、クシャトリヤの親戚や友人。ゴータマはよくやったと思う。なかなかいいことを言っているじゃないか。だいたい、バラモンは実力もないくせに、威張りすぎなんだよ。虫が好かないと思っていたんだ。クシャトリヤだってやればできるんだ。息子をゴータマの弟子にしてもらおうか。

そして、下位のカーストの人びと。宗教活動や精神世界に関心があっても、バラモンに止められていた。そういうことは、来世に、バラモンに生まれてから考えなさい。いまは言われたとおり、神々を拝んでいればよろしい。そう言われて、あきらめていた彼らのところに、ゴータマが覚ったというニュースが届く。そうか、来世を待たなくてよいのだ。駆けつけて、弟子にしてもらおう。

いまこの人生で、自分も修行に励めば、ゴータマのように最高の覚りをえることができるかもしれない。カースト制に風穴が空いた。頭の柔軟なバラモンのなかにも、ゴータマのファンが出てくる。

このように、ゴータマの行動が、インドの多くの人びとに、希望の光を与えたと考えられるのです。

＊

ゴータマは経典のなかで、こう教えています。

弟子が、ゴータマに聞いた。ひとは、生まれによってバラモンなのですか。それとも、行ないによってバラモンなのですか。ゴータマは答えた。ひとは、生まれではなく、行ないによって、バラモンになる。誰でも、バラモンのように行動すれば、バラモンなのだ。

ゴータマが、カースト制を、認めていなかったことがわかります。

サンガの修行

出家した仏弟子たちは、集団で生活した。その集団を、サンガ（僧伽）といいます。サンガは、ゴータマが定めたルール（戒律）に従って、生活し、修行します。ものは持たず、袈裟《けさ》と、托鉢《たくはつ》に持っていく器だけ。ぞろぞろと列をなして、在家《ざいけ》の信徒の家に、食事のあまりを貰《もら》いにいく。乞食《こつじき》修行である。戻ったらそろって、食事をする。日本では当たり前に思える。でもインドでは、革命的。出身カーストに関係なく、一緒に食事をする。このやり方自身が、人間は平等であるという、強いメッセージを発しているのです。

食事がすんだら、自由に討論をします。生きる意味はなにか。真実をどう認識するか。この世から不正をなくすことができるか。自分はこう思う。あなたはどう思う。結論よりも自由なコミュニケーションが大事。なぜなら、インドでは、カーストを超えて自由に討論する機会などないのですから。

サンガの人びとが身にまとう袈裟も、糞掃衣《ふんぞうえ》といって、ボロ切れを寄せ集めたものです。古代、布は、貴重品だった。遺骸を布で巻き、遺骸置場に放置して弔《とむら》った。野犬が遺骸を食いちぎり、布があたりに散らばった。遺骸の体液で汚れて黄色くなっている。これを拾い集めて衣服にしたものが、袈裟である。社会の最下層の人びとと共にあるという、決意と覚悟がみなぎった衣服なのです。

仏教はこのように、明確な、反カースト制のメッセージをもった運動でした。

*

サンガはこうして、現実のインド社会の真ん中で、ありえない理想の空間を実現しました。来世を待たずとも、それは手の届くところにある。そういう空間で、自由に知性をはばたかせ、思い思いに真実を追究しよう。仏教は、こう考えろ、ああ考えるな、という定型をなしにした運動です。一神教が必ず、教義（ドグマ）をもつのと反対です。仏教の「正しい教え」を学びましょう、という態度は、仏教の本質から外れている。なぜなら、なにが正しいかは自分で探すのですから。

*

仏教の弱点は、こうした理想のサンガが、出家者の集団であることです。出家者は、生産活動にたずさわらない。自分たちの生活の物質的基盤を、在家の人びとに頼らなければならない。そして、在家の人びとは、カースト制の割り当てる、ファミリービジネスに従事している。つまり、ヒンドゥー教徒でもあるのです。

インドの仏教は、こうして、ヒンドゥー教との二人三脚状態を強いられ続けます。その後起こった、煩瑣《はんさ》なアビダルマも、空想的な大乗《だいじょう》経典も、秘儀の密教も、ヒンドゥー教の影響である疑いが濃厚です。そして最終的には、ヒンドゥー教に吸収され、インドから消えてしまいました。

ヒンドゥー教と近代化

ヒンドゥー教は、このように強固な宗教である。保守的で、変化に抵抗します。

イスラム教が興ると、インドにも流入した。イスラム教とヒンドゥー教は、水と油の関係で、決して溶け合わなかった。インド人の大多数はイスラム化することなく、ヒンドゥー教を守った。

長くインドを支配したムガール帝国は、イスラムの征服王朝です。でも民衆のヒンドゥー教信仰に介入しなかった。

四〇〇年ほど前に、カースト制に反対する、シク教が興った。カースト制を否定するため、同一の姓に改名し、一緒に食事をし、どんな職業にも就いた。でもインド全体に広まることはなく、少数勢力にとどまりました。

＊

イギリスがインドを植民地にした。軍人、技術者、教員、事務員、……などの近代的職業の従事者が必要になった。ヒンドゥー教徒には向かないので、主にシク教徒を雇った。ヒンドゥー教徒やイスラム教徒は、シク教徒に反感を抱くようになりました。

インドが独立することになった。ヒンドゥー教とイスラム教は結局、分離独立の道を選んだ。シク教徒は、もともと独立していたのに、分離独立を認められなかった。

そんなインドでも、徐々に近代化が進み、都市部ではカースト制が緩んできた。特にI

T革命からのち、インドの発展は本格的になった。ヒンドゥー教の伝統と近代化との相剋《そうこく》は、これからが本番を迎えるはずです。

インドでのビジネス

インドの宗教を踏まえて、インドの人びととのビジネスで気をつける点はなんでしょう。

まず、インドの人びとに、ヒンドゥー教徒、イスラム教徒、シク教徒がいることを理解する。同じインド人といっても、別々のアイデンティティをもっています。

シク教徒は、名前でわかる。男性は、特徴のあるターバンを巻いているかもしれない。

イスラム教徒は、名前や様子でわかる。

ヒンドゥー教徒は、都会的で開明的なひとから、保守的なひとまで、いろいろ幅がある。

また、所属するカーストによって、いろいろである。

＊

インド政府は、カースト制の解消に熱心で、アウト・カーストを「指定カースト」とよび、大学入学や奨学金、雇用に人数枠をもうけて、格差の解消をはかっている。アウト・カースト出身で、教育を受け活躍している人びとも多い。

こうした複雑なカースト事情を、インドの人びとは理解し、伝統と折り合いをつけながら生きている。

外国人とつきあうビジネスの前線にいる人びとや、外国企業で働く人びとは、ヒンドゥー教の伝統に縛られていたのでは、仕事になりません。欧米流のビジネスを理解しています。けれども、根拠なく、バラモンの誇りを捨てきれない人びとも、いるかもしれない。人事の現場では、注意が必要です。

開明的なインド人の協力者をうまくみつけ、アドヴァイスをもらいながら、企業経営を進めるとよいでしょう。

第4章 中国・儒教文明

本章のポイント

・中国にかつて存在した科挙は、どこが先進的だったのか。
・なぜ、中国の人々は、家族道徳を重んじるようになったか。
・古来、中国の政治が安全保障を優先したのは、なぜか。
・中国共産党のあり方と儒教の考え方には、どんな関係があるか。党幹部は、どのようにして決まり、そのやり方は日本とどう違うのか。

儒家の誕生

四番目にとりあげるのは、中国、儒教文明。

これもまた、残りの三つの文明と、まったく違ったロジックをそなえています。

＊
儒教。昔は儒学といいました。

では、英語で言ってみましょう。

はい、Confucianism、ですね。

Confucianism は、Confucius という人名から来ている。これは、孔子のことで、孔夫士《こうふうし》（孔先生）の音訳です。

孔子は、二五〇〇年前の、実在の人物。魯《ろ》（いまの山東省）で生まれ、曲阜《きょくふ》を中心に活動した。父は軍人だったが、孔子が幼いうちに亡くなり、しかも父と母は正式に結婚していなかったらしい。母もやがて亡くなり、若いころから苦労して育った。職場を転々としアルバイトばかりしていたので、手先が器用だったという。三〇歳近く、やっと下っ端の正規職員に雇われて、ひと息ついた。そのあと、魯の国で国政に関わるが、思うようにならず、亡命同然に故国を脱出。各国を回って、政策プランの売り込みをはかるが結局失敗し、一三年ののち、故国に戻ったときにはすでに六九歳だった。

＊

孔子が生きた時代は、春秋時代の末期。やがて戦国時代を迎え、争乱が深まっていきます。諸子百家《しょしひゃっか》が競いあい、中国史上、もっとも思想が豊かに花開いた時代でした。孔子の創始した儒家《じゅか》は、その先駆けとして、中国文明の核となったのです。

孔子の業績は、大きく二つあります。

第一に、古典を編纂したこと。当時、漢字で書かれた古い書物が多く伝わっていました。孔子はそれを収集し、整理し、編纂した。孔子が着手し何世代かかかってまとまったのが、儒教の経典です。

第二に、教育のシステムを考え、学校を開いたこと。孔子の学校は、プラトンのアカデメイアより古く、世界最古だと言えます。漢字は、習得するのに、訓練が必要な文字です。孔子の学校システムは、中国で必須のものでした。

＊

儒教のテキストは、もっともランクの高いのが、経。そのつぎが、論。その注釈が注、疏《そ》です。易経、書経、詩経、礼記、春秋を五経といいます。

孔子の言動を弟子がまとめた『論語』は、論でした。のちに孔子が、聖人とみなされるようになると、経にかぞえられるようになりました。

「聖人君子」

さて、そもそも、儒教は、宗教なのでしょうか?

儒教の主張を要約すると、「立派な政府をつくり、よい政治をしましょう」です。なかみから言えば、政治学としか思えない。

にもかかわらず、儒教は宗教だと考えられます。第一に、皇帝が天を祀《まつ》っている。天を祀る儀礼は、儒教の宗教儀礼です。第二に、人びとが祖先を祀っている。祖先を祀る儀礼は、儒教の宗教儀礼です。天も、祖先も、目の前にはいない。宗教的な対象なのです。

＊

議論のとっかかりに、儒教の本質を表すスローガンを、取り上げます。それは、「聖人君子」です。

聖人も、君子も、儒教の基本概念。中学高校の漢文の時間に出てきましたね。

じゃあ、「聖人」「君子」とはなにか。

「聖人」は、昔の政治家。王か、それに準じる人物です。過去、人びとの模範となる人物が、すぐれた政治を行なった。それを模範として、後世の人びとは行動すべきである。過去に規準を置き、それを現代に再現しようとする、伝統主義の態度なのです。

「君子」は、現代の知識人。これから政治に関わろうとする若者です。

君子の反対は、「小人《しょうじん》」。小人とは、字の読めないひとのことです。伝統中国では、大部分の人びとは字が読めなかった。字が読めなければ、政府の行政文書を理解できない。社会的影響力は、ゼロに等しい。よって、小人という。

なぜ、そんなに字が読めない人びとが多いかと言うと、漢字のせいです。漢字は、概念をひとつずつ形象化した象形文字なので、概念の数だけ文字が必要になる。その数は、常用漢字だけでも数千になる。それを片端から暗記する。たいがいのひとは途中で落ちこぼれてしまう。よって、字の読めないひとが多くなるのです。

中国はこうして、ひと握りの知識人（字の読める人）と、大多数の無教養の庶民、という二層構造を、伝統的に前提してきました。

＊

君子は、字が読めるようになると、さっそく古典を学びます。聖人がどのように政治を行なったかの記録、すなわち、経を読む。中国の行政文書は、経の引用や二次創作からなる。よって、経を学習すると、行政文書を作成できるようになる。即戦力として、政府職員に採用できるのです。

「聖人君子」とはすなわち、「経をはじめとする古典を学びましたから、私（君子）を政府職員として採用してください」なのです。これこそ、儒教の本質です。

＊

君子は、能力を自分で証明します。最初のうちは、リクルートのシステムが発達していなかったので、推薦やコネが幅をきかせた。宋《そう》代に、科挙（全国統一試験）の制度が完備した。世界に類をみない、合理的な仕組みです。以来、清末に至るまで、科挙は継続しました。

禅譲と世襲

さて、人びとが模範とすべき聖人を、孔子は、九人あげています。

最初の王、堯《ぎょう》。つぎの王、舜《しゅん》。そのつぎの王、禹《う》。この三人の王がまず、聖人である。（あとで、三皇五帝のように、これに、神話的な時代の統治者をさまざまにつけ加えるようになるが、それは後の時代のことです。）

堯は、記録に残る最初の王です。堯は、はじめて政府をつくったのだから、その業績は大きい。堯以前には、政府がなく、人びとは社会秩序も法令もないまま、好き勝手に暮らしていた。文明とは言えない、野蛮の状態である。中国では、政府が存在して、ようやく道が定まる、と考えます。

＊

堯は、立派な王で、すぐれた業績を収めたが、死期が近づき、後継者を考えなければならなくなった。部下のうち、舜が優秀であったので、後継者に指名した。このように、血のつながりがない者を、後継の統治者に指名することを、「禅譲《ぜんじょう》」といいます。

禅譲は、能力主義・抜擢《ばってき》人事である。

舜もまた、立派な王で、すぐれた業績を収めた。高齢になり、後継者を考えなければならなくなった。自分の子どももいたのだが、部下のうち、禹が優秀であったので、後継者に指名した。禅譲が二代続いた、と経典は記している。

禅譲が、歴史の初め、二代続いた。禅譲は、儒教の理想である。

禅譲（能力主義・抜擢人事）は、儒教にとって、望ましい後継者の決め方です。禅譲ならば、後継の統治者が有能であることが、確実だから。

＊

さて、禹も王として治績《ちせき》をつみ、後継者を考えなければならなくなった。禹は、自分の子に、王の地位を継がせた。血のつながった子や孫に地位を継がせることを、「世襲」といいます。

王となった禹の子は、再び王の地位を、子に譲った。以後、代々、王の地位は世襲されて行った。こうして、禹を初代とする王朝が成立した。この王朝を、「夏《か》」という。

儒教は、統治者の地位が世襲されることを認めます。

世襲は、儒教の現実である。

堯、舜、禹に続く、残りの六人の聖人については、あとでのべます。

＊

儒教が、禅譲を理想とするのは、政治的リーダーが有能であることを、きわめて重視しているから。中国人のコンセンサスとして、つぎの命題がなりたちます。

〔定理〕トップリーダーは、有能でなければならない。

それだけ中国の人びとは、政治のすぐれたパフォーマンスを必要としています。では、禅譲ではなく、世襲を採用した場合、トップリーダーが有能であることを、保証できるだろうか。

王や皇帝の子どもは、有能であるとは限らない。いや、たいていの場合、無能である。子どものときから甘やかされ、厳しい競争もなく、尊大でわがままで、人生を勘違いしているタイプの人間になりがちだ。

すると、右の定理が成り立たなくなります。政治のすぐれたパフォーマンスを重視するはずの儒教が、なぜ、世襲を容認するのでしょうか。

それは、つぎの命題が成り立つと考えるからです。

〔系〕トップリーダーが有能でなかったとしても、ブレーンが優秀ならよい。

政府は、トップリーダーとブレーンの、チームワークである。チーム全体としてのパフォーマンスがすぐれていれば、大丈夫だ。

この「系」が成り立つためには、ブレーンは、能力主義・抜擢人事で選抜しなければならない。これは、中国官僚制の鉄則である。さもなければ、政治のパフォーマンスが許容レヴェル以下に下がってしまう。

なぜ律令制は形骸化するのか

少し話は枝葉になるが、これを、日本の政治と比較してみます。

わが国は、中国の制度を真似しようと、律令《りつりょう》制を取り入れた。律令制は、中国の行政官僚制です。

そのトップは、天皇。天皇は、世襲によって、地位を継承する。

その下の官僚たちはどうか。本来であれば、能力主義で選抜すべきところ、たちまちのうちに、官僚のポストも世襲になってしまった。宮廷貴族である。

トップはもちろん、その部下のポストも世襲なのは、武家政権の場合も同じである。

こうなるのは、日本では、「トップリーダーは、有能でなければならない」という命題が、成立していないからに違いない。むしろ、

〔定理〕トップリーダーは、有能でなくてもいい。あるいは、トップリーダーは、有能でないほうがいい。

が成立していると考えられる。

日本人は、トップリーダーや上司が、有能であることを嫌う傾向があります。なぜなら、自分の活動がそのぶん制限されるから。日本人は、この組織は自分のがんばりでもっている、と考えたがる傾向がある。これは、日本人が勤勉で、モラルが高いというメリットに通じると同時に、組織全体の意思決定が薄弱で、迷走しがちである、という欠点にも通じます。

ハイブリッドの組織

話を元にもどしましょう。

儒教はなぜ、トップリーダーの世襲を、容認するのか。

もしも世襲を容認しないと、かえって組織が機能しなくなるおそれがあるから。

トップリーダーが世襲でなく、つねに禅譲（抜擢人事）で、後継者が選ばれるとする。どんな組織でも、トップリーダーの下に、つぎのトップリーダーを狙う有能な候補者が、複数いるものだ。（もしも、つぎのトップリーダーにふさわしい人材が、複数いないとすれば、それは問題のある組織です。）有能な人物は、自信があるので、つぎは自分だと思っている。まわりにも、つぎはあなたですよ、と取り巻きが集まっている。派閥が競い合う状態が生まれる。トップリーダーは、この力関係を操《あやつ》って、後継者が誰なのか最後の瞬間まで明らかにせず、影響力を維持しようとする。

後継者がはっきりして、権力が移行した途端に、なにが起こるか。新しいトップリーダーは、対抗していた候補者のグループを排除する。このため、組織はがたがたする。落ち着くのに、数年かかる。その過程で、多くの人材が失われる。それがようやく収まって、やっとトップリーダーが組織を掌握《しょうあく》したころ、そろそろつぎの後継者が誰なのか、決めなければならない時期になる。このサイクルが繰り返されるので、一〇年に一度ずつ、組織は混乱に見舞われるだろう。

禅譲は、つぎのトップリーダーが誰になるか、予測がつきにくい。そのため、毎回、無用の混乱が避けられないのです。

＊

世襲は、禅譲と比較すると、つぎのトップリーダーが誰になるか、予測がつきやすい。トップリーダーの子どもは、数が限られるから。世襲で決まるトップリーダーが有能でなかったとしても、そのぶん組織が安定することは、大きな利点である。

さて、世襲と抜擢人事を組み合わせた政府は、鉄筋コンクリートと似ている。コンクリートは圧迫に強いが、引っ張る力に弱い。鉄筋は、引っ張る力や横揺れに強いが、圧迫に弱い。これを組み合わせた鉄筋コンクリートは、単独ではえられなかった望ましい特性をもっている。儒教が実現する政府も、ハイブリッドな組織構造で、レヴェル以上のパフォーマンスを発揮する仕掛けになっている。

＊

ちなみに、中国共産党の権力の継承は、禅譲のやり方です。

毛沢東《もうたくとう》は、後継者を、劉少奇《りゅうしょうき》ではなく林彪《りんぴょう》に決め、失敗し、つぎに鄧小平《とうしょうへい》ではなく華《か》国鋒《こくほう》にした。鄧小平は、華国鋒を追い落とした。鄧小平は、胡耀邦《こようほう》、趙紫陽《ちょうしよう》を後継者にし損ねて、江沢民《こうたくみん》を選んだ。江沢民は、胡錦濤《こきんとう》を選んだ。胡錦濤は、習近平《しゅうきんぺい》を選んだ。習近平のつぎは、陳敏爾《ちんびんじ》というひとになりそうだ。

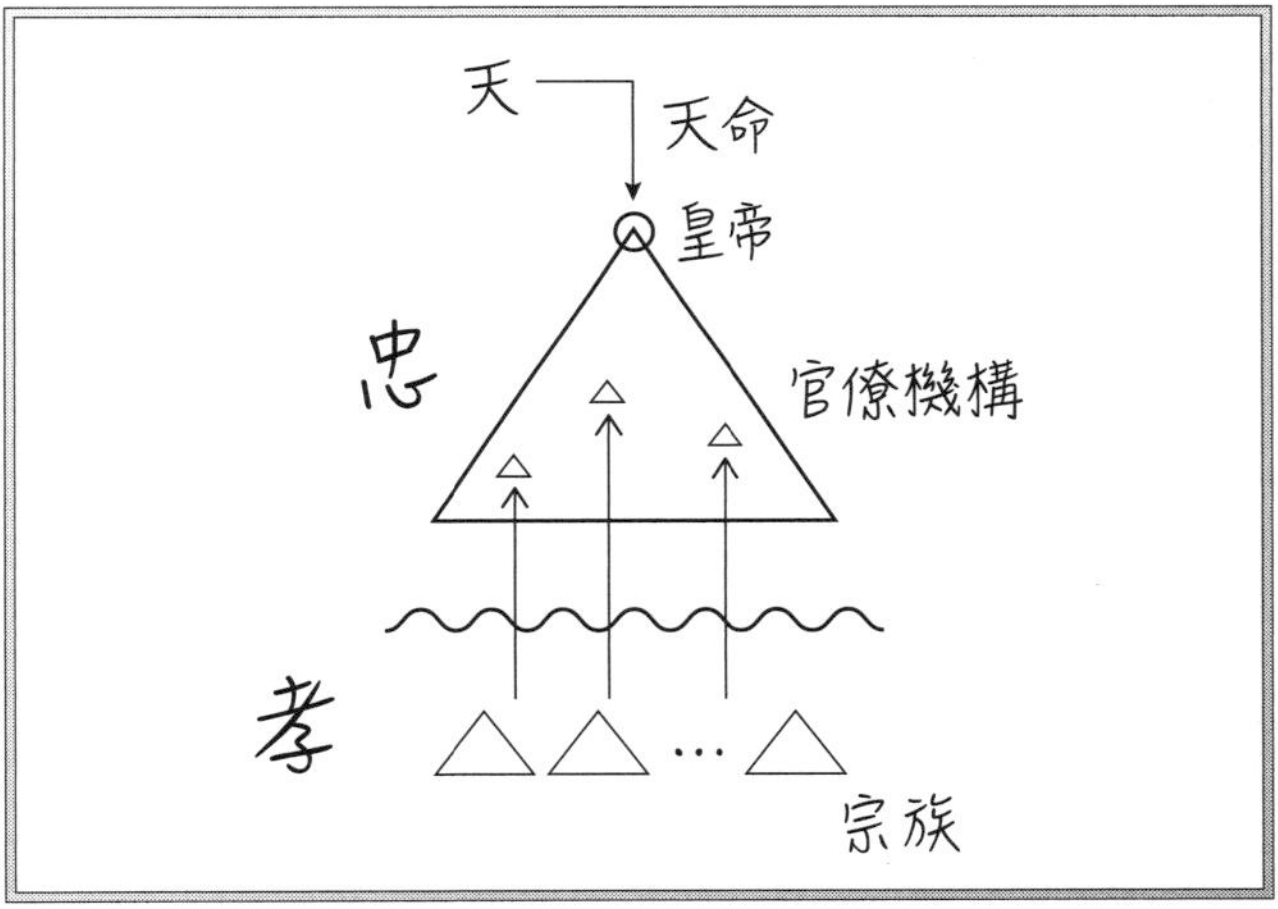

図4–1　伝統中国の社会構造

いっぽう、北朝鮮の権力の継承は、世襲のやり方である。金日成《キムイルソン》→金正日《ジョンイル》→金正恩《ジョンウン》。ここまでの定理や系から推定すると、世襲権力を支える、抜擢人事にもとづく官僚機構がよほど優秀であるはずだ。

伝統中国の社会構造

儒教が、中国社会の骨格をかたちづくった。

伝統中国の社会構造を、上の図のように表すことができる（図4−1）。

中央に、統一政権の官僚組織。そのトップには、皇帝がいる。皇帝は、天から天命を受けて、政権を維持しており、その地位を世襲する。

その下に、科挙により選抜された、官僚の一群がいる。彼らは、皇帝に服従する義務がある。皇帝（政治的リーダー）に対する服従義務を、「忠」という。（「忠」は、「義」ともいいます。）

＊

伝統社会の基層には、宗族《そうぞく》がある。宗族は、日本にはないものなので、想像力をたくましくする必要があります。

宗族は、人類学の言い方では、父系血縁集団（patrilineal descent group）。父方の血縁をたどって形成される、集団です。姓（周、毛、王、林、張、など）を共有し、数千、数万もの人びとが、一カ所に暮らしている。中国では、戦乱や飢饉《ききん》で居住地を離れるケースが多いので、血縁の結びつきを強めておくことは、安全保障の観点からも、重要なことなのです。

宗族の内部では、年長者（特に、親）へ服従する義務がある。年長者への服従義務を、「孝」という。

政治のアリーナでは、忠が、親族のアリーナでは、孝が、人びとが従うべき行為規範である。忠と孝とは、種類の違った価値。儒教は、状況に応じて、ふたつの異なった価値規準を人びとに求めるのです。

忠と孝の矛盾

忠と孝とは別々の行為規範ですから、いつも両立するとは限らない。矛盾したら、どうするのか。

儒教は、社会のあらゆる場面で、人びとに、こう行動しなさいというプログラムを用意している。忠と孝が矛盾した場合も、こう行動しなさいというプログラムが決められています。

＊

忠と孝が、両立しない場合。例をあげて考えてみましょう。

あなたは科挙の試験に合格し、政府職員になった。地方の警察署長に就任した。張り切って勤務していると、中央から書類が届いた。「全国政治犯指名手配書」。見ると、なんと、父親の名前が入っている。父親がいつの間にか、皇帝に叛逆《はんぎゃく》する、政治犯になってしまっていた。

どうしようと思って、家に戻ると、待っていたのはその父親。助けてくれ、追われているんだ。さあ、困った。皇帝に対する忠と、父親に対する孝が、両立しそうにない。あなたならどうしますか。

ちょっとひと休みして、考えてください。こんな場合、どうすればよいか……

＊

お父さん、疲れたでしょう。お茶でも飲んで、休んでいてください。

そう言い置いて、裏手の物置に行き、ロープをみつけて、それを手に、油断している父親の背後からこっそり近づき……

ではない。裏手の物置に行き、ロープや大工道具や食糧や缶詰や、役に立ちそうなものをかき集める。そして荷車に積み、シートをかけて、父親に言う。お父さん、窮屈ですけど、シートの下に潜ってください。ちょっとの辛抱《しんぼう》です。

そして、荷車をひき、ガラガラと、警戒の非常線を突破する。どけどけ、警察署長のお通りだ。そして、人里離れた山の中までやってくる。お父さん、ここなら大丈夫ですよ。バラックを建て、食事の用意や洗濯をし、父親の世話をする。父親が寿命を終えるまで、身近に仕えて孝行を尽くすのです。警察の制服は脱いでしまう。

父親が亡くなれば、孝行の義務から解放される。そのあと、どうするかは、そのとき考えればよろしい。

＊

これが、儒教の教える、行動規範。忠よりも、孝が優先します。間違えても、父親を逮捕したり、皇帝に突き出したりしてはいけない。

これがオリジナルな儒教です。その反対に、皇帝への忠を、孝より優先しなければならないと考えたとすれば、それは儒教ではない。皇民《こうみん》教育の名残りかもしれません。

皇民教育は、明治から一九四五年まで、日本の学校で行なわれた教育。天皇に対する服従は絶対であると、人びとに教えた。天皇のために、親は子を犠牲にし、子は親を犠牲にしなさい。天皇は、親のことも子のことも、考えているからそれでよいのです。教育勅語も軍人勅諭も、いかにも儒教的な用語で書かれ、伝統的なみかけをしているが、その内実は、近代ナショナリズムです。皇民教育を受けた日本人は、儒教がもともとそういうものだと思ってしまった。皇民教育は、一九四五年を境に、戦後教育に切り変わったが、皇民教育の名残《なご》りはまだ尾をひいていると言ってよいのです。

＊

皇民教育では、忠＞孝。

儒教では、孝＞忠。

儒教はいう。皇帝が間違っていると思ったら、諫言《かんげん》しなさい。（皇帝が怒るかもしれないから、死を覚悟しなければなりません。）聞き入れなければ、もう一回、諫言しなさい。それでも聞き入れなければ、もう一回、諫言しなさい。三回諫言しても、皇帝が言うことを聞き入れなければ、辞職しなさい。

皇帝に対する服従は、絶対ではない。条件つきです。三回諫言するという手続きを踏めば、服従義務から解放される、と決まっている。

また、儒教はいう。親が間違っていると思ったら、諫言しなさい。もちろん、親に対する敬意を失わないよう、言葉を選ばなければならない。聞き入れなければ、もう一回、諫言しなさい。それでも聞き入れなければ、もう一回、諫言しなさい。三回諫言しても、親が言うことを聞かなければ、涙をはらはらと流して、親の言う通りに従いなさい。

親に対する服従は、無条件で、絶対です。親が間違っていたら、三回諫言すべきですが、それでも聞き入れなければ、服従すべきなのです。

皇帝に対する服従と、親に対する服従では、態度が異なるのです。

＊

儒教は、政治的リーダーに対する服従は、「条件つき」であると考える。条件が満たされなければ、政治的リーダーに、服従しなくてよい。だから中国では、天命が別の政治的リーダーに下り、政権交替が起こるのです。

湯武放伐

中国の人びとは、政府のパフォーマンスが高くなければならないという、コンセンサスをもっているとのべました。トップリーダーが有能であるならそれでよいが、トップリーダーが有能でなくても、ブレーンが有能ならよい、と。

それでは、なにかの加減で、トップリーダーが無能なのはもちろん、ブレーンも揃いも揃って無能であるとしたら、なにが起こるでしょうか。

政府の、全取っ替えが起こります。この点、中国の人びとは容赦がありません。

＊

中国の歴史をみると、政府の、全取っ替えの歴史です。

王朝が成立すると、しばらくは政治がうまく行っているが、やがて政府が膨張し、税金が重くなり、国が乱れ始める。農民は土地を離れ、各地に英雄が現れ、正規軍が反乱に合流し、ついに首都が陥落して、皇帝は逃亡するか殺害される。英雄が都に入って、玉座《ぎょくざ》に座る。部下が、万歳、万歳、万々歳、を唱える。そうまで言うならと、新しい皇帝になる。その手続きも、だいたい決まっているのです。

＊

それでは、どういう条件があれば、皇帝への服従義務が解除され、現政権を打倒してもよいのでしょうか。

この問題は、儒教では、「湯武放伐《とうぶほうばつ》」として議論されてきました。湯《とう》は、夏を倒し殷《いん》を興した湯王。武は、殷を倒し周《しゅう》を興した武王。放伐は、政権を打倒する軍事行動のこと。湯武放伐は、湯王と武王が、それぞれ新しい政権を樹立した、軍事行動をさします。

湯王と武王の軍事行動は、よく似ています。武王のケースを考えましょう。武王は、孔子の時代にまだ正統な政権であった周の、建国の英雄なので、議論に現実味があります。殷の紂《ちゅう》王は、暴君であった。三人の重臣がいたが、二人までも殺された。三人目の西伯《さいはく》

（のちに文王とされる）は、人望があったが、反抗しないで耐えていた。西伯が死ぬと、息子の発（のちの武王）が、父の位牌《いはい》を奉じて兵を挙げ、紂王を討伐して、周の王朝を開いた。武王は、この功績によって、聖人とされる。

孔子は、暴君を放伐して新しい政権を樹立した武王を、聖人とするいっぽう、暴君に反抗せず忍従《にんじゅう》した文王も、聖人とする。いったい、どちらが正しい行動なのか、意味不明です。

＊

孔子が聖人とするのは、堯、舜、禹のほかに、夏の桀《けつ》王を倒して殷を興した湯王。周の文王と武王。武王の弟で、魯で政治を行なった周公旦《しゅうこうたん》。西伯を慕って馳せ参じ、武王の放伐に怒って周の食糧は食べないと山中で餓死した、伯夷《はくい》、叔斉《しゅくせい》の兄弟、の合わせて九名である。（八名としている本もあるようだ。）

孟子は言った。紂王は、暴君なので、もはや君主ではなく匹夫《ひっぷ》（ただの人間）である。匹夫を殺害しても、叛逆（政治的リーダーに対する反抗）にはならない。だから、放伐は正しい。

湯武放伐を正しい、とするのが、儒教の基本的考え方です。

＊

放伐を、禅譲、世襲と比較してみましょう。放伐も、政権交替のひとつのかたちであることがわかります。

放伐は、前の王の合意がない。この点が、禅譲、世襲と違います。また放伐は、新しいリーダーが有能であることが、保証される。そして、政権の移動が、予測しにくい。この点が、禅譲と共通します。

中国は、放伐、禅譲、世襲を組み合わせて、そのときどきで最善の政府を、模索するのです。

＊

放伐の反対は、百王一姓《ひゃくおういっせい》。日本の言い方だと、万世一系《ばんせいいっけい》ですね。よりよい政権はなんだろうかと模索を続けることを、放棄している。政府のトップは、無能でも、誰でもよいと思っている。だからだらだら、ひとつの系統が続く。日本人は、中国人と、そうとう違った考え方をしているのですね。

祖先崇拝のリアリズム

親族の年長者、とりわけ親に対する服従は、絶対である。

この、「孝」を中心とした考え方も、日本人のやり方とは違っています。日本人も、親を大切にする。でもそれは、大切なものがさまざまあるなかでの、ひとつとして。中国のように、親だけが突出し、絶対であるわけではない。

＊

「孝」を絶対化するところから、祖先崇拝が生まれる。

日本の祖先崇拝は、イエごとの仏壇が基本です。祖先中心でなく、自分中心。親や祖父母はともかく、自分が覚えていない祖先はどうでもいい扱いになる。中国の祖先崇拝に比べれば、日本の祖先崇拝などは、祖先崇拝の真似ごとみたいなものだ。

中国の祖先崇拝は、祖先中心です。祖先を共有する子孫が集まって、宗族という集団をつくる。廟《びょう》（社《やしろ》のようなもの）を建て、祖先の位牌を集めて、お祀りする。定期的に廟に集まって、祖先崇拝の祭りを行なう。

ちなみに、韓国の祖先崇拝も、中国と似たやり方です。墓前祭には、子孫が集まり礼拝を行なう。親族集団（門中《もんちゅう》）の集会所をつくる。族譜《ぞくふ》を作成して、メンバーの関係を記載する。一族内部の通婚は、いけないことになっている。

＊

儒教はなぜ、政治的リーダーに対する服従を相対化してまで、親に対する服従を絶対化するのでしょうか。政治を重視する儒教としては、考え方が反対ではないか。

政治的リーダーに対する服従を絶対化したのは、法家《ほうか》です。

法家は、政治的リーダーへの服従を絶対化し、法律を絶対化する、秦の始皇帝が採用した考え方です。秦の始皇帝は、儒家を目の敵とし、儒家の経典を破棄し、儒者を生き埋めにした（焚書坑儒《ふんしょこうじゅ》）。その秦が、天下統一後わずか一〇年あまりで滅亡した。つぎの王朝である漢は、それを反省して、法家にかえて儒家を採用しました。以来、儒教は、中国各王朝の指導理念となっています。

＊

儒教が、孝（家族道徳）を重視したのは、中国の現実と合っていました。

中国の農業は、零細な家族経営です。メソポタミアやエジプトの、大規模灌漑《かんがい》農業とは違う。大規模灌漑農業では、奴隷制が発展した。中国にも奴隷制はあったが、家内奴隷や兵士として使役《しえき》され、必ずしも農業の主力とはならなかった。

農業は経済の根幹だけれど、農民の労働条件は苛酷《かこく》です。わずかな土地を耕し、地位や名誉が与えられることもなく、豊かでもなく、脚光をあびることもなく、社会の片隅で一生を終える。自分の人生はなんだったんだろう。そう悩ましく思う無数の農民に、儒教はこう教える。あなたがこの土地を耕し、家族の生活を支えた。おかげで、土地を子どもが相続し、子どもも孫も生きて行ける。子孫は、あなたの名前を位牌に刻み、その前から線香を絶やさず、何百年経っても忘れない。あなたの一生は、意味があり、価値があったのです。そう思うことができるのが、孝であり、祖先崇拝である。

＊

孝（家族道徳）は、農民のやる気をひき出します。子どもが親を大事にすれば、老後の心配をしなくてすむ。社会保障が未発達な時代、孝（家族道徳）を強調することは、安上がりにセフティーネットを整えるという意味があった。こうして、農家経営が安定する。農家経営が安定すれば、毎年、安定した税収があがり、政府の財源が確保できる。賦役《ふえき》や軍務も課すことができる。回り道のようだが、孝（家族道徳）を重視すると、政治を強化する結果になるのです。

儒教の政治中心主義は、単純に政治に資源を集中するのでなく、中国の農民全体のコンセンサスをひきだし、政治をその上に基礎づける、奥行きのある方策によって支えられています。

政治中心主義の地政学

儒教はなぜ、中国の正統な思想とされたのか。その背景として、中国のおかれた地政学的状況を理解する必要があります。

中国は、世界最大の農業地帯。北部はとくにまっ平らで、飛行機で上を飛んでみると、こんなに広い場所が地球上にあってよいのかと思うぐらいです。数千年来、中国は世界でもっとも豊かな国で、ほっておけば、世界のGDPの半分を占めてもおかしくなかった。ヨーロッパと違って、アルプス山脈もなければ、地中海もない。政治的な統一が容易である。EUの成立はつい最近なのに、中国ではそれに先立つこと二〇〇〇年も昔、言語も文化も異なる複数の民族集団を統一することに成功しました。

*

それはよいのだが、中国の問題点は、北方の、ステップ草原となだらかに連続していること。ステップ草原には、遊牧民がいる。牛やヒツジがいる。そして、馬がいる。馬を乗りこなす、騎馬民族がいる。

＊

世界中で、農耕民と遊牧民は、紛争が絶えないものなのです。そもそも土地利用の方式が違い、共存しにくい。とくに、中国と北方の遊牧民は、継続的に激しく抗争を続けてきました。中国は広大で、豊かすぎる。障害物（山や海）がなく、やすやすと侵攻できる。よさそうなものが、手当たり次第に手に入る。そこで、侵攻を繰り返す。農耕民にしてみれば、これほどの災難はありません。

馬は、家畜化されてからかなり長いあいだ、実は、騎乗できなかった。気性が荒く、ふり落とされてしまった。仕方がないので、後ろに車をつなぎ、戦車とした。農耕民が、都市国家をつくり、戦車で戦う。青銅器時代の、標準的な戦法です。中国にもこのやり方が伝わり、戦車で戦う貴族階級が大きな力をもった。青銅器は高価で、ごく一部の人びとにしか行き渡らなかったので、彼らが武力と権力を独占した。

戦車が主戦力であるあいだ、農耕民のほうが優勢で、遊牧民は農耕地帯に侵攻したくても、思うにまかせなかった。

しばらくして、馬に乗る技術が編み出された。中国の北方遊牧民にもその技術が、紀元前一〇〇〇年ごろに伝わった。騎馬民族の誕生だ。

遊牧民は、ふだん、部族に分かれていがみあっている。けれども、有力な指導者が出てまとまると、強大なパワーをもつ。農耕地帯との交易によって、青銅製や鉄製の武器を手に入れ、武装して、騎兵の大軍となって、手がつけられなくなる。

最初に中国に侵攻したグループは、匈奴《きょうど》とよばれた。字をみるからに、とてつもなく獰《どう》猛《もう》な人びとだという印象が伝わってきます。

＊

中国でも、青銅器時代から鉄器時代に移るにつれて、大きな社会変化が起こりました。鉄器は安価で、歩兵に行き渡る。農機具も改良され、生産力があがる。鉄器で武装した重装歩兵が、戦車や騎兵に対抗し、戦場の主力になった。その主体は、農民だ。

農民が武装した歩兵は、騎兵に負けない。でも、移動のスピードが遅い。農耕地帯の全体を騎馬民族から守ることはできない。

そこで、長い長い障害物（万里の長城）を建設することにした。レンガや石で造った、幅五メートル、高さ五メートルみたいな大きさで、騎兵が越えられない。その上に歩兵が立って、騎馬隊が来たら撃退する。大変な建設コストがかかる。その費用を負担するのも、現場で建設するのも、兵士となって歩哨《ほしょう》に立つのも、農民である。

*

中国の農民のコンセンサスは、つぎのようなものだと思う。

(1) 政府は、中国を統一し、騎馬民族に負けない正規軍を編制してほしい。
(2) 万里の長城も建設してほしい。
(3) そのための税金は、負担する。
(4) 建設工事にも協力するし、兵士にもなる。

以上の政治的パフォーマンスを期待されているのが、中国の政府。儒教は、その政府の職員の行動マニュアルなのである。

このように、中国の政治は、安全保障の優先順位がとても高いのです。

文人官僚

儒教は、能力主義・抜擢人事を理想とする、とのべました。

この考え方は、農民の、合理主義にもとづきます。

血統も、身分も、資産も関係ない、けれども能力のある農民を、選抜して、政府の業務を担当させよう。中国では、政治を、行政官僚が担当します。彼らは、軍人でない。貴族でない。皇帝の親戚でない。地主でない。学問を通じ、能力を証明した、農民。これを、文人官僚といいます。

聖人君子の「君子」は、政府職員に採用されて、文人官僚になります。

＊

中国には、インドにあるようなカーストがない。ヨーロッパにあるような身分社会でもない。誰でも、政治に参加できる。試験に合格すれば。世界でも類例のない、合理的な仕組みです。

インドでは、カースト制があるので、政治はクシャトリヤが担当する。ヨーロッパでは身分制があるので、貴族や封建領主が政治を担当する。それ以外の人びとは、政治を担当できない。日本でも、政治を担当するのは、貴族か武士だった。どちらも、世襲の身分である。伝統社会はたいてい、こうした制限があります。

中国だけは、例外です。農民は誰でも、能力があれば、行政官僚になることができる。

農民から政府の中枢にのぼりつめるパイプが、細いけれども、通じている。農民は、政府を、自分たちの政府だと考えることができる。この感覚は、人民解放軍が政権をとった、現代中国にまで通じている。

*

文人官僚の特徴を、あげてみましょう。

身分にもとづかず、能力にもとづいて、ポストをえている。世襲でない。そして、軍人でない。

中国には、職業軍人がいます。将軍もいれば、兵士もいる。彼らの武器は、政府のもの。必要があると、政府が配る。彼らの予算も、人事も、行政官僚が握っている。彼らは、正規軍なのです。予算と人事を、軍人みずからが握ると、たちまち軍閥となって、政府のコントロールを離れてしまう。だから、文人官僚は、軍人の権力拡大を警戒する。中国共産党と人民解放軍の関係も、このようです。

官僚vs宦官

文人官僚の宿敵は、宦官《かんがん》です。宦官は、日本には伝わらなかったが、ユーラシア大陸の宮廷ではふつうにみられます。

なぜ宦官が、宮廷には必要なのか。

君主が統治者として正統であることを、血統によって証明するには、城壁をめぐらした後宮《こうきゅう》に、君主の妻（たち）を物理的に閉じ込めておけばよい。後宮に出入りできるのは、君主と宦官だけ。君主は、後宮で生まれるので、宦官と仲よくなる。即位したあとも、宦官を重用する。そこで、文人官僚と宦官は、宮廷でライバルとなる。

君主にすれば、文人官僚の権力を牽制《けんせい》するのに、宦官はちょうどよい。文人官僚は家族がいるので、権力を拡大するとやっかいだが、宦官は家族がいないので、安心である。そこで宦官が権力をふるいすぎ、文人官僚に虐殺される事件が繰り返し起こる。

＊

文人官僚と宦官の対抗関係は、中国でも、ビザンチンや、トルコでもペルシャでもみられる、世界標準の現象だ。

文人官僚も宦官もいない、日本が、世界的にみて例外だと思ったほうがいい。

儒教と道教

儒教は、政治に関心を集中させている。政治は、生きた人間が、生きた人間を支配する関係である。ゆえに、儒教は、死者に対して関心がない。

けれども、人間は死や、死後の世界に関心を持たないわけには行きません。その要求に応えるのが、道教です。

道教は、民間の俗信で、起源がはっきりしない。農民のあいだで広く信じられている。実際には、儒教と道教は合わさって、中国の人びとの精神世界の全体を形成している。この意味で、道教は、ウラ儒教、ということができます。

＊

道教は、はっきり言えば超能力オカルト信仰である。科挙に合格し文人官僚になれないひとや、官僚になったものの失意の人生を送るひとには、魅力的だ。不老長寿や仙術を追究することができる。

道教の平均的な考え方によれば、人間は死ぬと、鬼になる。鬼籍《きせき》に入る、という言い方はここから来ています。日本の鬼は、虎の皮のパンツを穿《は》いて角《つの》が生え、皮膚が赤や青で金棒をもっているが、おそらく外国人のイメージをなぞっている。中国の鬼は、死者なので、同じ漢字でも意味が違う。

鬼（死者）は、地面の下の冥府《めいふ》（ないし地獄）で、暮らしている。鬼の世界は地上とそっくりで、官僚制の支配機構があり、鬼の役人が威張っている。そのトップは、閻羅《えんら》王である。冥府でも、地上と同じで、なにかにつけて現金が必要。そこで、命日などの機会に、紙でつくったお金を燃やして先祖に届け、困らないようにしてあげる。

冥府は、地上の世界とそっくりなので、鬼もやがて死ぬらしい。鬼が死ぬと何になるのか、よくわからない。

ちなみに、日本人が仏教だと思っているものの多く（たとえば、仏壇や位牌）は、道教や儒教がかたちを変えて日本に伝わったものです。

単位制度

現代中国は、儒教と無関係ということになっている。政府もそう言い、人びともそう思っている。儒教は、社会の表面から姿を消しているかにみえる。けれども、中国の人びとの考え方や行動様式は、伝統的な儒教に深く支配されていると言ってよい。

中国共産党は、巨大な官僚組織で、党員の数は八八〇〇万人にものぼる。

中国共産党の官僚組織が、伝統的な官僚組織と違うのは、そのカヴァーする範囲の広さ。社会の基層まで、組織を伸ばしていることである。

中国社会の基本ユニットを、「単位」という。これはもとは、ゲリラ戦の革命根拠地での活動ユニットで、人びとの日常生活のニーズをまかなっていた。新中国が成立すると、この方式が都市に適用され、工場や学校や病院が単位になった。単位には、党委員会がおかれ、書記がいる。工場の書記と工場長では、書記が上で工場長が下。省長と省の書記では、書記が上で省長が下。国務院総理と党総書記では、総書記が上で国務院総理が下。すべての組織が、実務と党の二本立てになっていて、党が政府や実務組織を指導することに決まっている。

*

軍の場合は、書記と言わず、政治委員という。政治委員が署名しないと、司令官の命令は効力を持たない。党が軍を指導するという関係は、単位の場合と同じである。軍の統帥《とうすい》権は、党の中央軍事委員会主席が握っている。

党が単位をしっかり握っているのが、中国共産党の、ソ連共産党との違いです。ゆえに、ベルリンの壁が崩壊しても、中国共産党はびくともしませんでした。

＊

大学卒業生や党幹部の個人情報（档案《とうあん》）は、党が管理しており、党中央の組織部が管轄《かんかつ》している。中国全体の人事は、一元的に管理されているから、胡錦濤のように、清華大学の水利系を卒業すると、ダムの現場に配属され、共青団の仕事もし、成績がよいと、地方の党委員会の幹部、中央に呼ばれて、中央委員、そして中央の指導者と、能力主義・抜擢人事でひき上げられていくことができる。日本では考えられない、組織をまたがった人材登用が可能だ。

このシステムは、伝統中国のシステムと、マルクス＝レーニン主義のシステムとが、合体したもの。きわめて興味ぶかい方式だと言えます。

なぜ腐敗する？

儒教の原則は、孝＞忠。家族道徳が、組織倫理に優先する。

これがそのまま、中国社会に持ち込まれると、構造的な腐敗になる。

腐敗と言っても、昔はかわいいものだった。工場のトラックを、日曜日に、引っ越しに貸してもらう。職場の封筒や、長距離電話を使わせてもらう。頼まれた職員は親切で、親戚や友人の便宜《べんぎ》をはかっているだけ。

でも、社会主義市場経済で、経済規模が巨大になり、共産党の権限も大きくなると、腐敗も巨大になる。

中国企業とつきあうビジネスマンは、一九九〇年代なら、どのタイミングでカラーTVをプレゼントすればよいか、頭を悩ませた。いまはプレゼントが、桁外《けたはず》れになっている。

*

日本にも汚職や、背任・横領はある。でも、中国の場合は、スケールが違う。そして、それに関わらないで、組織で働くことは困難である。ある推定では、中国のアンダーグラウンド経済は、GDPの一五%ぐらいにのぼるという。

数年前に鉄道部のトップが腐敗で摘発された。当初の報道で、汚職や職権濫用で押収されたり凍結されたりした資産は日本円で一〇〇億円あまり。信じられないほどの巨額にのぼる。全国の高速鉄道の建設にかかわる利権である。

社会主義市場経済とは要するに、独裁的な権力を握る官僚機構と、資本主義経済の組み合わせ。権力をもつ共産党員は、権力を経済的な利益に変換できる。市場経済のなかで競争する企業も個人も、共産党とコネクションをもって優位に立とうとする。こういう「儒教ルール」のなかで、日々しのぎを削っているのが、中国社会の実際です。

戸籍制度

戸籍（中国語で、戸口）は、家族をまとめて登録する制度のこと。伝統中国のやり方で、日本を含む東アジアの周辺諸国がまねしている。それに対して西欧諸国は、個人単位の登録が主流だ。

新中国の成立後、中国では、都市戸籍（城市戸口）と農村戸籍（農村戸口）を分けた。都市戸籍がないと、都市に出ても、食糧の配給や、住居の提供を受けられない。子どもを学校に通わせたり、医療を受けたりすることもできない。膨大な農村の余剰人口を抱える中国の、都市への移住制限である。

文化大革命の際、多くの若者が、農村にやられた。現地で結婚するなどして農村戸籍に変わり、都市に戻れなくなったケースも多い。

改革開放の初期、八〇年代、農村では郷鎮《ごうちん》企業が発展したが、その後失速した。就業機会をもとめて、農村から都市部への「農民工」の滔々《とうとう》たる流れが続いている。

中国の宗教政策

伝統的に、中国の各王朝は、民間の宗教に対して警戒的です。歴代王朝の過半数は、民衆の宗教反乱（大部分は道教系）によって、倒れてきたのですから。

中国政府は、キリスト教を事実上、管理下においています。宣教師が布教に訪れることには制限があります。それでもキリスト教は、DVDや書籍を通じて広まり、正式な統計はないものの、人口の五％～一〇％がキリスト教徒ではないかと言われるほどです。教会が足りないので、家庭集会も盛んですが、正式には違法です。中国共産党幹部は、現役のあいだは、信徒となってはならない、という規定があるらしい。幹部でなければ、あるいは、退職すれば、信徒となってもよい、という意味になりますね。キリスト教をあからさまに弾圧すると、欧米諸国が激しく反撥《はんぱつ》するので、中国政府も遠慮しているのでしょう。

＊

民間信仰系で大きいのが、法輪功《ほうりんこう》です。吉林《きつりん》省出身の男性が始めた、新興宗教です。信者は公称、一億人ともいう。一万人が陳情のために中南海《ちゅうなんかい》（中国政府の中枢）を取り囲んだ事件を境に、非合法化され、厳しい警戒の対象となっています。当局による拷問《ごうもん》や人体実験（臓器の摘出）があったとして、信徒は抗議を続けています。

仏教も、復興しつつあります。中国の仏教は伝統的に、禅宗。加えて、チベット仏教が主流である。数珠《じゅず》をつけ、経典をよみ、寺院を訪れる人びとを多くみかけます。

第5章　日本と四大文明と

本章のポイント

・なぜ、日本は「文明」ではないのか。
・日本の人びとにとっての「神」とは、なんのことか。
・日本の組織が意思決定するときの特徴はなにか。また、「ムラ社会の原理」は、本当に日本の伝統なのか。
・日本人が「物まねのうまいサル」と思われないためには、どうすればよいか。

日本は文明なのか

これまで、世界の四大文明をみてきました。

文明の共通の特徴。それは、自分たちは、普遍的な価値を体現していて、世界中がこのやり方を採用して当然、と思っていることです。自信たっぷりである。堂々としている。「普遍的」とは、特定の時間や場所に、限定されないことでした。だから、誰にでもどこにでも、あてはまります。

そういうやり方を掲げるのは、どの文明も、自分のなかに多様性を抱えているから。ヨーロッパ・キリスト教文明は、言語も民族も、ばらばらなグループの集まりです。イスラム文明も、言語や民族がばらばらである点は、同じです。インドのヒンドゥー文明も、言語や民族はやはりばらばら。中国は、漢字を用い、漢民族として統一されているようにみえるが、口頭言語や風俗習慣は、地域ごとにばらばらです。

多様性を抱えているがゆえに、普遍性を強調する。これが、文明なのです。

＊

普遍性をどこまで強調するか、その度合いは、文明ごとにさまざまです。一神教文明はやはり、普遍性を強調して、押しつけがましい。キリスト教文明も、イスラム文明も。

インドのヒンドゥー文明は、そこまで押しつけがましくないかもしれない。けれども、自分たちは「世界」である、インドには何でもある、と自慢にしている。インドが世界なら、インドの外側はないのも同然。もっとも、普遍性を信じているとも言えます。（実際のところはヒンドゥー教にとっての異物である、イスラム教に食い込まれていて、苦慮してもいます。）

現代中国は、文明としての側面と、漢民族のナショナリズムとしての側面とが、重なりあっています。中国はいま、漢字を使わない、チベットやモンゴルや、新疆《しんきょう》ウイグル（中央アジア）を含みこんでいる。伝統的な中国よりも広い範囲を統治して、漢民族ではなく中華民族だと称し、多民族国家だと自己規定し、苦労してアイデンティティを確立しようとしています。

＊

それに比べると、日本人は、目にみえる多様性が、日本のなかにあるのを認めたいと思っていない。裏を返すと、日本が普遍的な価値をそなえていて、世界にそれを認めさせるべきであると、考えていない。文明として行動していません。

日本はやはり、文明ではなく、文化なのです。そして、外の世界から、自分たちに必要なものを取り入れること（だけ）に、いまも熱心なのです。

カミと仏

さて、日本人は、宗教と文明をめぐって、何を考えてきたのでしょうか。日本人にとっての、重大問題。それは、仏と、カミと、天皇と、この関係をどう考えるかということでした。中国文明と接触してからの一五〇〇年あまり、日本の知識人たちはこのことを、考えてきたと言っていいのです。

仏を、日本人は、価値あるものと考えている。カミ（神）を、日本人は、価値あるものと考えている。天皇を、日本人は、価値あるものと考えている。仏も、カミも、天皇も、それぞれに価値あるもので、しかも、仏以上のもの、カミ以上のもの、天皇以上のものは思い浮かばない。では、仏と、カミと、天皇の関係はなにか。どこかのテキストに、書いてあるわけではない。考えてもわからない。とても悩ましい。

＊

日本人にとっての大事件は、まず、中国・朝鮮経由で、インドから仏教が伝わったことでした。仏教、そんなものがあるのか。仏教はレヴェルが高すぎた。小学校の理科の時間に、素粒子物理学が伝わったようなもの。気の遠くなるほどの、ギャップがあった。日本には、カミがいる。インド、中国には、仏があるという。では、仏を、日本に入れたものだろうか。日本人に、仏は必要なのだろうか。

この点が、論争になった。保守派は言います。日本には、カミがいる。これまでカミだけでやってきた。仏なしでやってきた。外国に仏があるからと言って、そんなものが日本に必要だろうか。無用な混乱を招くだけだ。お引き取り願おう。

開明派は言います。世界を見なさい。いまは、仏教は、グローバル・スタンダードだ。中国も朝鮮も、仏教を中心に国づくりに励んでいる。科学技術も発達している。そういう世界の大勢に、乗り遅れることは決してためにならない。時代は変わったのだ。

いつでもありがちな、こんな論争が続いたすえ、試しにちょっと、取り入れてみることになりました。

＊

仏とカミの関係を考えてみます。

仏はなにかと言えば、インドの知識ある青年。ゴータマのことです。これは、インドのヒンドゥー文明のところで、説明しました。ゴータマは、ヒンドゥー教とカースト制に反対して戦ったわけだが、日本の人びとはそんなことを知るよしもない。

カミはなにかと言えば、日本に昔からいる、尊い存在。その正体はなんでしょう。

カミとはなにか

そこで、カミとはなにか、ですが、まず「神」と「カミ」を区別しましょう。

「神」と漢字で書けば、中国での神という意味に、まずなる。中国で「神」とは、第一に、トップランクの存在ではない。トップランクは、「天」。インドの神々を中国語に訳すときも、〇〇天、と訳した。「神」は、中ぐらいのランク。いっぽう日本で、大和ことばの「カミ」は、トップランク。それ以上の存在はいない。その点がズレています。日本のカミを、習慣で神と表記するのはよいのだが、そのズレを忘れてはいけない。

第二に、漢字で「神」は、かみさまのほかに、精神現象や気のせい、なども指す。神経とか精神とかいう言い方がそうです。この点も、ズレています。

以上を踏まえて、日本独自のかみさまを指すのに、「カミ」と表記することにします。

＊

そこで、つぎの引用を読んで下さい。

《さて凡《すべ》て迦微《かみ》とは、古御典等に見えたる天地の諸《もろもろ》の神たちを始めて、其を祀れる社に坐す御霊をも申し、又人はさらにも云ず、鳥獣《とりけもの》木草のたぐひ海山など、其餘《そのほか》何にまれ、尋常《よのつね》ならずすぐれたる徳《こと》のありて、可畏《かしこ》き物を迦微とは云なり。すぐれたるとは、尊きこと、善きこと、功《いさお》しきことなどの、優れたるのみを云に非ず、悪《あし》きもの奇《あや》しきものなども、よにすぐれて可畏きをば、神と云なり。》

（本居宣長『古事記伝』巻三）

著者は、誰かというと、本居宣長《もとおりのりなが》。国学《こくがく》の総元締めです。その宣長が、カミについて説明しているのだから、これぐらい確かな記述はない。

そこで、このパラグラフを、順番に読み解いてみよう。なお《迦微》とあるのは、万葉《まんよう》仮名《がな》で、かみさまのこと。さきほどから、カミと表記しているのと、こころは同じだ。

さて、そもそもカミとは、（1）古事記・日本書紀に出てくるさまざまなかみさまをいうのはもちろんだが、（2）建物をたてて祀っている神社にいることになっている、なにものかの霊をもいい、そのほか、（3）人間はもちろんのこと、鳥、獣や木、草、海、山など、そのほか何でも、平均的なあり方をいちじるしく逸脱しており、感動してしまうものを、カミというのである。なお、「平均的なあり方を逸脱する」とは、よい方向に逸脱していてももちろんよいが、悪い方向に逸脱しているのでもかまわない。

宣長の整理によると、カミには、三種類あります。

第一は、古事記・日本書紀に出てくるカミ。

第二は、神社に祀られているカミ。たとえば菅原道真《すがわらのみちざね》は、天神《てんじん》さまとして祀られているが、古事記・日本書紀には出てこない。豊臣秀吉や徳川家康、明治天皇、靖国《やすくに》の英霊、乃《の》木希典《ぎまれすけ》、東郷平八郎《とうごうへいはちろう》、なども神社に祀られているが、やはり古事記・日本書紀には出てこない。

第三。これが、宣長の説明の、キモです。人間でも、動植物でも、海や山のような自然でもよいので、なにかが平均値を逸脱していて、こちらが感動して「あはれ」と思ってしまう場合を、カミというのである。人間が規準であるから、いいカミ、悪いカミ、があることになります。

強烈な風が吹いた。カミかぜ、である。大きな音がして、驚いた。カミ鳴り、である。技量がずば抜けている。カミわざ、である。最近、カミ対応、カミってる、などという。宣長の定義に照らして、まことに正しいカミの用例だと言うべきですね。

この第三は、第一、第二を特別な場合として、包摂《ほうせつ》している。第三が、カミの本質だと思って間違いない。

＊

そこで、宣長の説明を参考に、カミについてまとめてみましょう。

〔定義〕カミとは、人びとを感動させる、さまざまな日本の自然現象である。

カミとは、日本の自然のことである。日本人は、自然のそこここに、カミのはたらきをみる。カミをおそれ、カミをあがめ、カミに祈って、生活を送る。自然の作用を人格化したものが、カミなのです。

カミがこのようなものだとすると、一神教のGｏdとは、まるで違っていることがわかります。たまたま同じ「神」の字で書かれるからといって、似たようなものだと思ってはいけません。

カミと仏は無関係

カミは、日本の自然。仏は、インドの知識人。なんの関係があるかというと、なんの関係もない。無関係である。

なんの関係もない仏が、日本に入ってきて、日本の自然のまんなかに居すわった。この状態をどう理解したらよいか、日本人は困惑した。

＊

仏教を最初に取り入れたのは、渡来《とらい》系の人びとや、中国・朝鮮の事情に明るい豪族です。仏教は、仏像や経典や、堂塔《どうとう》伽藍《がらん》や、僧侶などのマンパワーや、を招来し維持しなければならないので、費用がかかる。それを負担できる人びとが、威信をアピールする効果もありました。

大きな古墳を造るようなやり方はすぐ、時代遅れになって行きました。

仏教を取り入れてみた結果は、なかなかよかった。中国・朝鮮の先進文明に触れることもできた。仏教がどういう考え方なのかも、説明してもらって、少しはわかった。

けれども、日本のカミも、相変わらず日本の自然に宿っている。なによりカミは、日本の農業の豊かな収穫を保証している。カミにもがんばってもらわないといけない。

カミが仏弟子になる

仏とカミが、無関係なまま、どちらも尊いものとして並存しているのは、気持ちがわるいと、日本人は思いました。

そこで、つぎのような話が説かれるようになった。

「カミさまが、仏教のことを知って、仏教徒になりました。」

つぎのような、縁起《えんぎ》絵巻が書かれました。○○のカミは、これこれこういう経緯で、この神社に鎮座している。ところがあるとき、仏教というものがあって、仏のありがたい教えが説かれているのを知った。えっ、それは初耳だ。なぜそれを、早く言わない。うっかりしていたなあ。今からでも遅くはない。頭を丸めて、出家して、仏弟子になろう。

カミが、仏教徒となった。それならば、カミが仏の説法を聴きやすいように、境内に釈迦堂や阿弥陀《あみだ》堂を建てましょう。僧侶に、読経《どきょう》もしてもらいましょう。神道が仏教に一歩、歩み寄りました。

本地垂迹説

平安時代になると、こんな説も唱えられました。

インドの大勢の仏や菩薩《ぼさつ》は、あるときこう思った。遠い東に、日本という国がある。その民衆は、仏教のことを知らないで、気の毒だ。そこで私たちは、みんなで日本に移動しよう。そして、変身して降り立ち、カミとなろう。——つまり、日本のカミはみな、インドの仏や菩薩の化身だと言うのです。

この説を、本地垂迹《ほんじすいじゃく》説といいます。

本地とは、本拠地。仏や菩薩のいる、インドのことです。垂迹とは、移動。本来は縦方向の移動のことだが、ここはインドから日本への移動のこと。要するに、「インドの仏や菩薩が、日本に来て、カミになりました」という説である。

日本人のオリジナルなアイデアではある。中国で、仏教と道教を、同一視しようとする議論が長年唱えられていたので、たぶん、それにヒントをえたのだろう。

インドの仏や菩薩と、日本のカミとのあいだに、一対一（にはなかなかならないが）の対応がつけられた。

たとえば、太陽のカミはアマテラス。それなら、大日如来《だいにちにょらい》という太陽の仏がいるから、大日如来がアマテラスになったのだ。では、大黒天《だいこくてん》はオオクニヌシ、阿弥陀如来は熊野権《くまのごん》現《げん》、……などと決めて行った。（権現とは、化身という意味です。）

＊

本地垂迹説によれば、

カミ　＝　仏

である。カミと仏が同じものなら、カミを拝めば仏を拝んだことになり、仏を拝めばカミを拝んだことになる。神道と仏教を区別しなくてよい。カミと仏の関係、などというややこしいことを考えなくてもよくなりました。

この考えは、よほど日本人の気に入ったとみえて、以来、日本人は、仏教と神道をことさら区別しなくなった。この状態が、幕末まで続いていました。

＊

本地垂迹説に、根拠があるかというと、根拠はありません。なんとなくそんな気がする、そうだといいなあ、というだけ。仏教の経典のどこを読んでも、そんなことは書いてない。経典は、インド（や中央アジア）で編述されたのだから、日本のカミのことなど書いてあるはずがない。神道にはそもそも、字で書いたテキストがほとんどない。

ではなぜ、本地垂迹説が大手を振って説かれるようになったのかと言うと、日本社会には、「会議を開いて、反対がなければ、全員が賛成したことになる」「全員が賛成した場合は、それが正しいことになる」という法則があるから。この法則によって、反対がなかったので、正しいことになった。日本人のミーティングは、正当性を創造できる。これを、「赤信号、みんなで渡ればこわくない」の法則、といいましょう。

江戸の朱子学

平安の権門《けんもん》体制は、貴族と寺社の荘園《しょうえん》が利益を分け合っていました。だから、仏教と神道が習合して区別があいまいになるのは、都合がよい面があった。

戦国時代から江戸幕府にかけて、武士が、貴族の使用人にすぎなかったのに、貴族の荘園を蚕食《さんしょく》し、ついに寺社領も接収して、一円の領域支配を実現していきました。（寺社領を没収したのだから、教会領を没収したフランス革命に匹敵する。でもそれより、二〇〇年も早い。革命前の領主たちは、教会領と併存していた。没収などできなかった。）そのため武家政権は、仏教の影響力をそぎ、代わって朱子学を採用することに熱心になった。

＊

朱子学は、宋代の朱子が、儒教の古典に新しい注釈を加え、皇帝中心の統一政権にふさわしいかたちに整えたもの。江戸幕府にとって、ちょうどよいと考えられた。

朱子学のテーマは、「皇帝への服従（忠）は大事です」、である。

宋は、女真《じょしん》族やモンゴル族に攻め込まれて、負けかかっていたので、皇帝への服従を強調したのだ。あわせて、壮大な形而上学で、儒教の古典を飾りたてた。こんな形而上学は、もともと孔子・孟子の時代にはなかったもの。仏教からの密輸入である。

＊

徳川家康は、幕府を開くにあたり、戦争を抑止するため、朱子学を武士に無理やり勉強させる政策をとった。

武士は、それまで戦争ばかりやっていたので、ろくに勉強ができなかった。でも、これからは行政官僚になるのだから、読み書きは大事だ。儒教は、文人官僚の行為規範だから、暴力に訴えるという発想がない。たしかに朱子学は、効果を発揮し、徳川三百年の平和が実現した。

でも、朱子学からは、近代化の芽は出てこない。現に、朱子学に凝り固まっていた清国も朝鮮も、近代化に遅れをとった。でも、武士は、文人官僚ではない。朱子学を勉強しながらも、しだいに朱子学と、距離を置き始めた。これが、古学であり、国学であり、蘭学《らんがく》である。これらのおかげで、情報の閉ざされた江戸時代でありながら、近代化の基礎を準備することができたのです。

＊

荻生徂徠の古文辞学

江戸時代の思想で大事なのが、古学です。

古学とは、どういうものか。

古学は、朱子学を批判します。朱子学は、宋の時代の社会情勢に合わせ、仏教の学説も取り入れて、古代の古典をねじ曲げて解釈したもの。そんな朱子学流の古典の読み方は、孔子・孟子に対して失礼である。古代のテキストはそれとして、正しく読まなければならない。

古学は、テキストに内在してそのテキストを読解する、方法論をもっている。こうした読解の方法は、批判的で、近代的です。

＊

京都に、伊藤仁斎《じんさい》が出て、古義学《こぎがく》を立てた。仁斎は、ほぼ独学で、こうした方法論を考案し、磨きあげた。その合理的で科学的な方法は、驚きをもって迎えられ、大きな影響力を持ちました。

江戸の荻生徂徠《おぎゅうそらい》は、伊藤仁斎に刺戟《しげき》を受けつつ、その仁斎でさえまだ不徹底だとした。徂徠は、古典を外国語と心得よ、と言う。「温故知新」に返り点・送り仮名をつけ、故《ふる》キヲ温《たず》ネテ新シキヲ知ル、と読んで満足しているようではいけない。漢文を日本語に直しても、意味がわかったことにはならない。「温故知新」は外国語なのだから、ウェングージーシン、と読むのが正しい。徂徠は、中国語のできる先生をみつけて、中国語の発音で読んだ。古代の発音でなく後代の中国語の発音になってしまうが、愛嬌《あいきょう》としよう。その志は正しい。そして、一字一字の意味は、古典の文例から、明らかにする。こうした方法を、徂徠は古《こ》文辞学《ぶんじがく》と称した。

*

仁斎や徂徠の古学は、朱子学と距離をとることを、日本人に教えた。朱子学は、立派な学問かもしれないが、宋代の中国の統治権力のイデオロギー（政府の都合）に汚染されている。仏教の形而上学にも汚染されている。そうした汚染を取り払い、テキストをテキストとして、書かれた当時の正味《しょうみ》の意味において、読解するのが学問である。こうした、学問の自律（近代的な意識）を、人びとに広めたのである。

日本には、科挙がありませんでした。科挙があると、朱子学の解釈（統治権力のイデオロギー）に合致した答案でないと、合格できません。社会的影響力をもてません。科挙のない日本には学問の自由がありました。出版の自由がありました。このことを、現代の日本人は知って、誇るべきなのです。

本居宣長の古事記伝

本居宣長は、松坂《まつさか》の町人出身の医師である。京都で、徂徠学にふれ、源氏物語に傾倒した。契沖《けいちゅう》や賀茂真淵《かものまぶち》など、仏教や儒教のバイアスで日本の古典を読むことを批判する学統に刺戟を受けた。

宣長の特筆すべき業績は、古事記を科学的な方法で読解したことです。

徂徠は、儒教の古典を、古代の外国語と考えよ、と教えた。宣長は、同じ視線を、日本の古典に向けます。古事記は、漢字で表記されているが、書かれているのは、無文字時代にさかのぼる口誦《こうしょう》伝承である。音を写し取った万葉仮名の部分は、温故知新をウェングージーシンと読んだのと同じことになる。古代の言語が、漢字を通して、現前しているのだ。文例を集め、この古代の言語を復元しよう。連立方程式を解くような、精密で根気のいる作業である。そこから古事記の、正しい意味が浮かび上がって来る。

漢字それ自体がもつ意味を消去して、古代の日本語を復元すること。これを宣長は、漢意（からごころ）を去って、やまとごころを復元する、とのべました。

＊

古事記伝は、どんな世界を明らかにしたでしょうか。

漢字の意味は、消去されています。漢字が伝わる以前の、中国の影響が及ぶ前の、原日本社会が復元されました。そこには、文字もなく、儒学もないけれど、日本には日本なりの、倫理があり道徳があり、法があり、宗教がありました。天皇がいました。天皇がいて政治を行なっていました。日本の人民は命じられなくても、天皇に服従していました。これは、儒学が教える「忠」ではない。おのずからなる忠です。

天皇は、儒学・朱子学とは無関係に、正統な君主であることが、主張できたのです。

＊

宣長はなぜ、源氏物語や日本の古典に魅せられたのでしょうか。

宣長は、武家政権が支配する江戸時代に、窮屈な倫理を強いられる町人として生きました。源氏物語や古事記の時代、武士はまだいません。朱子学もまだありません。そんな時代にも人びとは生き、男女は歌をよみ、自由に交流しました。統治政権がふりまくイデオロギーとは無関係な、原日本社会の人間の生き方を、構想できないか。彼が大成した国学は、人文主義やロマン主義に相当する効果を、同時代の知識人たちに与えました。

闇斎学派の正統論

これにもうひとつ、朱子学の極端派である山崎闇斎《あんさい》学派が、重要な貢献をします。

朱子学は、統治権力の正統論に、力点を置きました。正統な王朝である宋が権力を失い、夷狄《いてき》が興るのはなぜかを、問題にしなければならなかったからです。徳川政権は、幕府の権力の正統性を、朱子学が弁証するだろうと期待しました。

＊

山崎闇斎は、朱子学者なのに、変わっていました。第一に、神道を研究し、みずから垂《すい》加《か》神道を興しました。第二に、江戸幕府を、天皇から権力を奪った、正統でない政権だとしました。第三に、弟子たちを厳しく教育し、原理主義的に行動することを義務づけました。

その弟子、浅見絅斎《けいさい》も、極端で原則的な学者でした。町人なのに、武士以上に厳しく自らを律し、江戸の地は敵地だからと生涯踏まず、弟子が水戸藩に仕官すると徳川の流れに仕えるとはと破門しました。赤穂義士《あこうぎし》を称賛する論文を書き、直接行動で君主への義を果たすのは立派だとしました。

闇斎学と国学の流れをくむのが、後期の水戸学です。闇斎学が、君主への義を絶対とし、国学が、真正の君主は天皇であるとする。これを合体させると、尊皇思想になります。

尊皇攘夷

阿片《あへん》戦争（一八四一〜四二年）で、清が英国に敗れました。幕末の課題は、迫る西欧列強に対抗して、独立をまっとうすることでした。非西欧世界の大半は、植民地になっていました。この課題は、中央集権的な政府のもと、日本人が国民として団結するのでないと、乗り切れません。近代ナショナリズムです。

尊皇思想は、天皇を中心とする、ナショナリズムの運動です。朱子学の体裁をとっていますが、国学とハイブリッドになって、近代思想に組み換えられています。

＊

攘夷《じょうい》とは要するに、外国との戦争です。西欧列強は、優秀な火砲と兵員を擁《よう》し、容易な相手ではなかった。戦争で勝利するためには、列強にひけを取らない装備が必要。それには、貿易を通じて、艦船や火砲や最新装備を輸入しなければならない。すなわち、開国が必須です。開国せず、攘夷を叫び続けることは、非現実的な極端主義にすぎないのです。けれども、この極端主義の攘夷のスローガンが、巧妙な政治的効果を発揮します。

幕末、尊皇思想は知識人のコンセンサスとなりました。幕府も、各大名も、草莽《そうもう》の志士も、みなが尊皇を唱えていた。けれども、ナショナリズムの運動を成功させるには、尊皇の主体を確立しなければなりません。

国学は、将軍も大名も、武士もいなかったその昔、人民がおのずから天皇に従っていた原日本社会を、理想状態として描き出しました。これをナショナリズムのモデルとするには、将軍、大名、を中抜きにし、武士の身分もやめにして、天皇―人民、の直接の服従関係に一元化しなければなりません。

尊皇を唱えている将軍、大名を排除する。それには、尊皇に加えて、攘夷を唱えればよい。攘夷は、非現実な極端主義であるから、将軍も大名も、採ることができない。よって彼らを排除するのに、格好の試金石となる。そして、彼ら（公武合体派）が排除されてしまえば、堂々と、開国すればよいのである。

廃仏毀釈

仏、カミ、天皇、の関係を思い起こしましょう。

宣長によれば、人びとはかつて、おのずから、天皇に服従していた。それはなぜかと言えば、天皇がカミの子孫だから。古事記・日本書紀には、書いてある。アマテラスの孫ニニギノミコトが高千穂《たかちほ》の峰に降臨し、その曾孫が、神武天皇となった、と。神武天皇は、アマテラスの五代の孫なのである。その神武天皇の血筋が、いまの天皇に続いている。

＊

尊皇思想の核心は、「天皇がカミの子孫である、よって、日本の正統な君主である」、です。

ところが、カミ＝仏、となりました。一〇〇〇年にわたって、日本人が信じてきた本地垂迹説です。これによれば、カミの本体は、インドの仏。日本のナショナリズムに都合のわるい、邪魔な想定です。それに天皇は、仏教徒でもありました。

この都合のわるい想定を、なかったことにしよう。ならず者や群衆を焚《た》きつけて、寺に押しかけ、仏像を叩き壊す。神道と仏教は、関係ないと宣言する。神仏分離です。

廃仏毀釈《きしゃく》と神仏分離。これは、天皇を中心とするナショナリズムの確立にとって、必須のステップでした。

文明開化

古学、国学の延長上に、蘭学があることを忘れてはなりません。

古学、国学は、テキストの読解が、統治権力のイデオロギーや時代の観念に左右されてはならず、テキストにだけ内在して進められるべきだとします。テキストにはテキストの意味があるから、素直に読め、ということです。

この態度と方法は、テキストを取り替えても、適用できます。テキストをオランダ語に取り替え、素直にそれを読むのが蘭学。蘭学のテキストは、文字通り、外国語です。でもその読解の結果は、日本語の、漢字仮名まじり文になります。

蘭学の知識は、朱子学、古学、国学の知識とともに、幕末の尊皇攘夷思想の必須の成分となりました。

*

オランダより、イギリスやフランスやドイツやアメリカが、列強として有力であるとわかってきた。そこで、テキストを取り替えて、英語、フランス語、ドイツ語を読む。その成果は、漢字仮名まじり文として、日本の知識階級に提供する。洋学です。

洋学は、日本の文明開化・近代化を支える、根本的態度であり方法論です。その方法論は、伊藤仁斎と荻生徂徠にさかのぼることを忘れてはなりません。

文明のなかの日本

日本は、いわゆる文明ではない。にしても、世界の文明と渡り合うため、仏教や儒教をこのように読みこなし、独自の径路をたどって、近代をこのように用意した。ここでは、その道筋のごくあらましを、たどったにすぎません。その程度でよいから、海外の人びとと触れ合う機会に、日本の近代化のストーリーを、このように語ってみてほしいのです。さもないと、日本はただもの真似のうまいサルのように、海外のよさそうな文明の成果を真似ただけだと思われてしまいかねない。

＊

ビジネスも、政治や軍事や外交も、学術交流も、人間のやることです。人間であるからには、仕事で行なっているビジネスや政治や学術やの活動の背後に、そのひとの人間としてのどのような厚みと深みと、文明の理解が、控えているのかと興味がわきます。もしもそれが、自分と異なった、しかし共感のできるものだとわかったら、パートナーとして信頼と尊敬をえられるでしょう。このことが、ビジネスでも、政治や学術でも、いざという場合にひと味違った結果をもたらすのです。

空気の支配

江戸時代の人びとは、海外の強力な文明と渡り合う、知識と気概と覚悟をそなえていたと思います。彼らは多くが、刀をもつ武士であり、言行一致をむねとしており、いざという場合には命をかけて主張を貫く用意がありました。

学校教育が普及して、洋学が学問の基本になってから、様子が変わりました。学校で習う知識は、その根拠にさかのぼることがまれで、ただ世の中に通用している。自分で責任をとる性質のものでない。ところが、学校を出て企業につとめた人びとは、成文化されない不可視のルールに縛られているのを発見する。それは、「空気の支配」です。

＊

空気。それは、日本の組織を満たしている。

日本の組織の意思決定は、会議を通過することが大事である。会議で反対意見を誰かがのべると、会議を通過できない。そこで、反対意見をのべそうな役職者や部署のところに、事前に説明にいく。これを、根回しという。

会議には、会議を準備する会議が下属している。この準備会議で、議題を決める。準備会議が実質的な、意思決定の役割を果たす。しかし、準備会議のメンバーは、正式な意思決定の権限のない（したがって、責任もとれない）人びとである。

さて、準備会議には、その準備会議を準備する会議が下属している場合がある。この場合には、再び同じことが行なわれる。……。

以上のことは、組織規則のどこにも書いてない。けれども、自然に、そのように進行する。そう進行するしかない、空気が流れている。それに抗うことは、誰にもできない。

このように、日本の組織の意思決定の特徴は、
（1）意思決定を行なう会議の場で、実質的な議論がない。
（2）誰が意思決定をしたのか、不明である。
（3）その意思決定をした、理由も不明である。

＊

このようなやり方は、世界の文明の標準的なやり方から、外れています。

『「空気」の研究』は、山本七平《しちへい》の著作です。空気がどのように日本を誤らせたか、対英米開戦の実例が紹介されている。それは決して、過去のものではありません。

日本企業とグローバル世界

日本の組織の意思決定は、組織メンバーのコンセンサスを最優先する。そのため、決定の合理性は、後回しになる。決定の合理性を担保する仕組みがありません。

企業が、こんなやり方で運営されていると、必ず失敗し、必ず迷走します。

＊

欧米の企業や政府なら必ず作成するのが、ポリシーペーパー（政策基本文書）です。

そこにはなにが書いてあるか。実現すべき価値。行動（ミッション）の目的。実現のための戦略。動員できる資源。採用できる方法。実行計画。数値目標。実現までのタイムテーブル。リスクの見積もり。成果の検証。行動達成後の処置。……。これらが具体的に、わかりやすい言葉で、書き込んであります。プランは十分に現実的で、合理的で、首尾一貫したものでなければならない。会議の場では、価値や目的や、戦略や実行計画や、リスクの見積もりやについて議論し、現実性や合理性や具体性を磨きあげていく。

A案とB案があった場合。どちらも現実的で、合理的で、首尾一貫している。議論する人びとはそのことを尊重しつつ、両案の優劣を論じる。最後は、多数決で決するにせよ、トップの判断で決断するにせよ、足して2で割るような玉虫色のやり方はしません。

＊

なぜこういうやり方なのでしょうか。それは、キリスト教のバックグラウンドと関係があります。

キリスト教では、最後の審判がある。このことは、説明しました。最後の審判のとき、人間は一人ひとりＧｏｄの前に立って、自分の罪について、説明しなければならない。こういう前提でものを考えるので、人間がなにか決めるときに、説明責任が果たせるように、文書を残しておくのです。

政府機関は、神に委任されて、人びとを統治するのだから、説明責任があります。ビジネスにたずさわるさまざまな世俗の組織も、プロテスタントの天職の神学によって神に責任をもつことになったので、説明責任があります。

やがて、神は、主権者である人民や、株主やにかたちを変えましたが、説明責任があるという点は同じです。

神は、そして主権者である人民や、株主やは、ほんとうの主人であるから、組織のすみずみにまで目を光らせていて当然です。組織が「内」であって、組織の外が「外」であるという考え方が、彼らにはない。「ウチの会社」などとは、間違っても言いません。

＊

日本人のつくる組織は、暗黙のうちに、日本人だけがいることを前提にしています。そして誰もが、だいたい同じように考え、行動することを前提にしています。その期待が、空気をうみ出している。異質で予想のつかない他者を、受け入れる余地がない。

このことが、日本企業が、グローバル企業に生まれ変われないようにしている、当のものです。

アメリカの企業は、従業員が多様であることを前提にしています。実際、多様でもあります。多様で異なる人びとを、ひとつにまとめ、協同させることが、文明の本質です。アメリカは、その原理に忠実に企業をつくっています。契約、法律、政策基本文書、マニュアル、……といった仕組みが明確で、暗黙の空気にあたる要素が少ない。ヨーロッパの企業も多国籍化して、同じようなやり方をとっている。

日本人は世界で一億人。世界人類は、七三億人以上。日本人でない七二億人を、日本企業がメンバーとして活用できないとしたら、ビジネスの拡大にとって、大きな大きな制約になるでしょう。

＊

異質な他者がいると、想定しない。このように考えて、日本企業も、日本社会も、コストを節約してきました。

このやり方そのものが、日本企業の、日本社会の、コストになっている。グローバル化とは、これまで手を携えるチャンスのなかった、多様で異質な人びとが、協力のチャンスを拡げることなのですから。そのビジネスチャンスを、日本企業は、指をくわえて見ていなければならないのでしょうか。

ムラ原理を越えて

そもそも日本は、最初から、多様で異質な人びとを排除することを、習慣にしてきたのでしょうか。

そうではない。多様で異質な人びとと共存する知恵と文化が、日本の伝統にもそなわっていた。

平安時代には悪霊《あくりょう》が出没した。中世には、鬼がいた。いずれも、異質な他者が入り交じって暮らしていた証拠です。

荘園制が崩れて、地頭を追い出し、ムラの結束が固まる室町時代から、農民の自治能力が高まった。勤勉に働き、助け合い、自分勝手な行動をとらない。同質な人びとが、共同体をかたちづくる。近世から近代に続く、日本の組織の原型ができてきた。

けれども、対等で同質なメンバーが、コンセンサスを重視して社会を運営するのは、ムラのサイズならちょうどよいとしても、それより広い範囲では通用しない。武力でなければば、安全を保障することはできない。それは、武士団の役割だった。武士は、農民と違った行動原理をもっている。武士は、異質な他者に立ち向かい、対決する係なのである。

＊

武士は、武家政権となり、幕府となり、農民のムラの平和を守った。明治維新ののち、武士は軍部に姿を変えた。軍部もまた、異質な他者（グローバル世界）の防波堤となってムラの平和を守る係である。

戦後、軍部は姿を消した。日本全体が、あたかもひとつのムラとなった。台湾と朝鮮も日本から切り離され、異質な他者のことは、ますます考えなくてもよくなった。軍部にかわって日本を守っているのが、アメリカです。

アメリカは、日本に代わって、軍事・外交を取り仕切る。日本は、アメリカ大権《たいけん》の庇護《ひご》のもとにある。異質な他者との関係に、日本が直面しないでもすむように、はからっているのです。

＊

こう考えるなら、同質な人びとで組織や社会が成り立っていると考えるムラ社会の流儀は、ごく最近の習慣ではないかと考えることもできます。

ごく最近の習慣であれば、改めることができる。グローバル世界に飛躍するため、日本の企業の仕組みと文化を、変化させることができる。それは決して、日本の伝統に反しないはずなのです。

ではそれは、具体的には、どうやればいいのでしょうか。

それは、本書を読み終えた、読者の皆さんの宿題です。

参考文献

・『旧約聖書（Ⅰ〜XV）』（全15冊版）　岩波書店　一九九七〜二〇〇一
・『旧約聖書（Ⅰ〜Ⅳ）』（全4冊版）　岩波書店　二〇〇四〜〇五
・『引照つき聖書　旧約聖書続編つき　新共同訳』共同訳聖書実行委員会訳　日本聖書協会　一九九八
・『新約聖書（Ⅰ〜Ⅴ）』　岩波書店　一九九五〜九六
・『コーラン（上・中・下）』井筒俊彦訳　岩波文庫　一九五七〜五八
・『日亜対訳　クルアーン　［付］訳解と正統十読誦注解』中田考監修　中田香織、下村佳州紀訳（「正統十読誦注解」松山洋平訳著）黎明イスラーム学術・文化振興会責任編集　作品社　二〇一四
・『ハディース――イスラーム伝承集成（Ⅰ〜Ⅵ）』牧野信也訳　中公文庫　二〇〇一
・『ヴェーダ／アヴェスター』辻直四郎編　筑摩書房　一九六七
・『論語』金谷治訳注　岩波文庫　一九九九
・『現代語訳　論語』宮崎市定訳　岩波現代文庫　二〇〇〇
・『孟子（上・下）』小林勝人訳注　岩波文庫　一九六八・一九七二
・石田友雄『ユダヤ教史』　山川出版社　一九八〇
・板垣雄三、佐藤次高編『概説イスラーム史』　有斐閣選書　一九八六

・井筒俊彦『コーランを読む』 岩波セミナーブックス 一九八三
・犬養道子『旧約聖書物語〔増訂版〕』 新潮社 一九七七
・犬養道子『新約聖書物語（上・下）』 新潮文庫 一九八〇
・大木英夫『ピューリタン――近代化の精神構造』 中公新書 一九六八
・落合仁司『〈神〉の証明――なぜ宗教は成り立つか』 講談社現代新書 一九九八
・貝塚茂樹『人類の知的遺産9 孟子』 講談社 一九八五
・金谷治『人類の知的遺産4 孔子』 講談社 一九八〇
・菅野覚明『神道の逆襲』 講談社現代新書 二〇〇一
・小室直樹『小室直樹の中国原論』 徳間書店 一九九六
・小室直樹『日本人のための宗教原論』 徳間書店 二〇〇〇
・上智大学中世思想研究所訳／監修『キリスト教史（1〜11）』 平凡社ライブラリー 一九九六〜九七
・辻善之助『日本仏教史之研究』 金港堂書籍 一九一九
・辻善之助『日本仏教史之研究（続編）』 金港堂書籍 一九三一
・戸川芳郎、蜂屋邦夫、溝口雄三『儒教史』 山川出版社 一九八七
・中村元『ヒンドゥー教史』 山川出版社 一九七九
・中村元『中村元選集』 春秋社 一九八八〜九九
・中村元訳『ブッダのことば――スッタニパータ』 岩波文庫 一九五八
・中村元訳『ブッダの真理のことば 感興のことば』 岩波文庫 一九七八

・橋爪大三郎『仏教の言説戦略』勁草書房　一九八六
・橋爪大三郎『冒険としての社会科学』毎日新聞社　一九八九
・橋爪大三郎『世界がわかる宗教社会学入門』ちくま文庫　二〇〇六
・橋爪大三郎『人間にとって法とは何か』ＰＨＰ新書　二〇〇三
・橋爪大三郎『隣りのチャイナ』夏目書房　二〇〇五
・橋爪大三郎監修『史上最強図解　橋爪大三郎といっしょに考える宗教の本』ナツメ社　二〇一二
・橋爪大三郎『世界は宗教で動いてる』光文社新書　二〇一三
・橋爪大三郎『フリーメイソン――秘密結社の社会学』小学館新書　二〇一七
・橋爪大三郎『丸山眞男の憂鬱』講談社選書メチエ　二〇一七
・橋爪大三郎、大澤真幸『ふしぎなキリスト教』講談社現代新書　二〇一一
・橋爪大三郎、大澤真幸『ゆかいな仏教』サンガ新書　二〇一三
・橋爪大三郎、大澤真幸『続・ゆかいな仏教』サンガ新書　二〇一七
・橋爪大三郎、大澤真幸『げんきな日本論』講談社現代新書　二〇一六
・橋爪大三郎、大澤真幸、宮台真司『おどろきの中国』講談社現代新書　二〇一三
・橋爪大三郎、佐藤優『あぶない一神教』小学館新書　二〇一五
・半田元夫、今野國雄『キリスト教史（Ｉ・Ⅱ）』山川出版社　一九七七
・平川彰『原始仏教の研究――教団組織の原型』春秋社　一九六四
・平川彰『インド　中国　日本　仏教通史』春秋社　一九七七

・保坂俊司『シク教の教えと文化——大乗仏教の興亡との比較』平河出版社　一九九二
・丸山眞男『日本政治思想史研究』東京大学出版会　一九五二
・三浦国雄『人類の知的遺産19　朱子』講談社　一九七九
・宮崎市定『論語の新研究』岩波書店　一九七四
・宮崎市定『論語の新しい読み方』岩波現代文庫　二〇〇〇
・森本あんり『反知性主義——アメリカが生んだ「熱病」の正体』新潮選書　二〇一五
・山本七平『現人神の創作者たち』文藝春秋　一九八三
・山本七平『「空気」の研究』文春文庫　一九八三
・山本七平、小室直樹『日本教の社会学』講談社　一九八一　→ビジネス社　二〇一六
・アブドル＝ワッハーブ・ハッラーフ『イスラムの法——法源と理論』中村廣治郎訳　東京大学出版会　一九八四
・M．ヴェーバー『プロテスタンティズムの倫理と資本主義の精神』大塚久雄訳　岩波文庫　一九八九
・M．ヴェーバー『古代ユダヤ教（上・中・下）』内田芳明訳　岩波文庫　一九九六
・N．スマート編『世界宗教地図——ビジュアル版』山折哲雄監修　武井摩利訳　東洋書林　二〇〇三
・B．J．バイツェル監修　B．J．バイツェルほか著『地図と絵画で読む聖書大百科 Biblica』船本弘毅日本語版監修　山崎正浩訳　創元社　二〇〇八
・M．ボイス『ゾロアスター教——三五〇〇年の歴史』山本由美子訳　筑摩書房　一九八三

・M．ルター『キリスト者の抵抗権について』徳善義和、神崎大六郎訳　聖文舎　一九七三
・American Bible Society, *Good News Bible: Today's English Version*, American Bible Society, 2001
・Michael D. Coogan, Marc Z. Brettler, Carol A. Newsom, Pheme Perkins, *The New Oxford Annotated Bible: New Revised Standard Version With the Apocrypha, An Ecumenical Study Bible*, Oxford University Press, 2010
・Jewish Publication Society of America, *Tanakh; The Holy Scriptures*, Jewish Pubn Society, 1985
・Random House, *The Holy Bible: Authorized King James Version*, Ivy Books, 1991
・U. S. Catholic Church, *Catechism of the Catholic Church*, Image, 1995

あとがき

中谷巌さんの不識塾で毎年、「世界の宗教」の講義をして、もうずいぶんになる。受講生は、ビジネスの一線で活躍するみなさん。日本経済を引っ張っていく人びとだ。

不識塾のリベラルアーツの講座は充実していて、宗教のほかにも、哲学や思想など、ふだん触れたくても触れられないラインナップだ。それが、NHK出版のシリーズになるという。タイミングのよい企画である。

この数年、リベラルアーツが、企業の研修でブームになっている。よいことだが、それだけ、日本の企業が困っているということでもある。経済のグローバル化がますます進展した。製造拠点はどんどん海外に出て行った。国内の市場は小さくなり、国外で日本流の経営は通用しない。世界についていちから学び直さないと、いけなくなったのだ。

＊

本書は、不識塾をはじめ、いろいろな機会に、「宗教で読み解く世界」のタイトルで講義している、内容をまとめたものである。おそらく百回以上、話している内容だ。多くはクローズドな研修である。その中身を広く紹介することができて、嬉しく思っている。

編集にあたったのは、NHK出版の大場旦氏と、担当の倉園哲氏。旧知のお二人に、迅速かつ適切なサポートをいただいた。原稿整理などで、橋本倫史氏にお手伝いいただいた。中谷巌さんに、まえがきを寄せていただいたのも、光栄なことである。

講義の実況中継のような本書を、ライブ感覚で、多くの読者のみなさんに楽しんでいただければ、この上ない喜びである。

二〇一七年八月

橋爪大三郎

橋爪大三郎 はしづめ・だいさぶろう
1948年、神奈川県生まれ。社会学者。
東京大学大学院社会学研究科博士課程単位取得退学。
1995～2013年、東京工業大学教授。
主な著書に、『はじめての構造主義』『はじめての言語ゲーム』
（講談社現代新書）、『世界がわかる宗教社会学入門』（ちくま文庫）、
『世界は宗教で動いてる』（光文社新書）、『国家緊急権』（NHKブックス）、
『フリーメイソン——秘密結社の社会学』（小学館新書）、
『丸山眞男の憂鬱』（講談社選書メチエ）など。

NHK出版新書 530

シリーズ・企業トップが学ぶリベラルアーツ
世界は四大文明でできている
2017（平成29）年10月10日 第1刷発行

著者 橋爪大三郎
発行者 森永公紀
発行所 NHK出版
〒150-8081東京都渋谷区宇田川町41-1
電話 (0570) 002-247（編集） (0570) 000-321（注文）
http://www.nhk-book.co.jp（ホームページ）
振替 00110-1-49701

ブックデザイン albireo
印刷 慶昌堂印刷・近代美術
製本 藤田製本

Printed in Japan ISBN978-4-14-088530-7 C0230

NHK出版新書好評既刊

23区大逆転
池田利道
都心の圧勝はいつまで続くのか。コスパ抜群の台東区・江東区、伸び代が大きい足立区・北区など、最新のデータから「次の勝者」を読み解く。
528

〈女帝〉の日本史
原　武史
神功皇后、持統天皇、北条政子、淀殿……女性権力者の知られざる系譜を明らかにする。東アジア諸国との比較を通して日本をとらえ直す野心作！
529

シリーズ・企業トップが学ぶリベラルアーツ
世界は四大文明でできている
橋爪大三郎
「キリスト教文明」「イスラム文明」「ヒンドゥー文明」「中国・儒教文明」。世界を動かす四大文明の内実とは？　有名企業の幹部に向けた白熱講義！
530

いのちと味覚
「さ、めしあがれ」「イタダキマス」
辰巳芳子
いのちと味覚は不即不離。「生きていきやすく食べる」ための心得を、「畏れ」「感応力」「直感力」「いざのときを迎え撃つ」「優しさ」の五つの指標から説く。
531

藤井聡太
天才はいかに生まれたか
松本博文
史上最年少棋士にして、歴代最多連勝記録を更新した、恐るべき天才。本人や親族から棋士・関係者まで、豊富な証言からその全貌に迫る。
532